グレート
カンパニー
に学ぶ

このビジネスモデルがすごい！

［監修］船井財団
［著］船井総合研究所

あさ出版

はじめに

私たち船井総研グループは、中核事業会社である船井総合研究所がその前身の日本マーケティングセンターとして創業した1970年3月以来約50年にわたり、大企業から中堅、中小企業まで数多くの企業に経営コンサルティング・サービスを提供してきました。現在では製造業から小売業、サービス業、そして行政や海外企業まで、様々な企業とのお付き合いがあります。

東京一極集中、大企業中心の経済の諸問題が論ぜられることが多くなりましたが、我々のグループは創業時より日本全国の中小企業とのお付き合いを深め、経営支援に注力してきました。昨今地方経済の沈滞から、地方創生の重要性が語られるようになりましたが、我々も日々のコンサルティング業務を通じてさらなる地方の元気企業創り、地方活性化の重要性を強く意識するようになってきています。

今回ご縁をいただき、日本の中小企業の経営者がこれからの時代、どのような経営を目指すべきか。このような時代に元気な経営を推進している企業にはどのような特徴と戦略、ビジネスモデルがあるのか、これらを解説する書籍の出版企画に参加させていただくことになりました。そこで船井財団が毎年開催しているグレートカンパニーアワードの歴代受賞企業の中から数社をセレクトしました。それら優秀企業の取り組みと成功事例をご紹介しながら、優秀企業創りに必要な視点と中小企業のビジネスモデルの作り方の解説に重点を置き、読者の皆様の企業経営にお役立ていただけるように構成しています。

本書の出版にあたり船井総合研究所の「明日のグレートカンパニーを創る」というコーポレートスローガンへの強い共感と、グレートカンパニーアワードの趣旨に賛同し、快く、様々な情報の開示、資料のご提供にご協力いただいた紹介企業の経営者と従業員の皆様、そして本書の出版を強く推進していただいた、あさ出版の編集部の皆様のお力添えには感謝の言葉を贈りたいと思います。本当にありがとうございました。

２０１９年８月吉日

著者・編集者を代表し新しい令和の時代の経営の道を切り開く覚悟を胸に

グレートカンパニーアワード事務局

株式会社船井総合研究所　岡　聡

このビジネスモデルがすごい！

プロローグ
50年間の成長企業研究、グレートカンパニー研究からわかった優秀企業の条件

第1章

税務面から農業を支え続け1次産業シェアナンバーワン

オーレンスグループ（北海道）

第2章

商取引の電子化で生産性を向上させ 飲食業界のインフラから業界・国を超えたIT企業を目指す

インフォマート（東京都）

第3章

単品特化で深化された製造技術と価値観を変えるプロモーションの相乗効果による高収益モデル

白ハト食品工業（大阪府）

第4章 共有スペースへの集中投資により圧倒的利益率の業態を生み出した温浴業界のイノベーター

温泉道場（埼玉県）

第5章

「在庫車両が運ぶ」の発想とＩＴ導入による効率化で国内長距離輸送インフラを目指す

富士運輸（奈良県）

第6章

「すべてはお客様のため」を徹底し販売ルートや新たなマーケットを続々と開拓してきたパイオニア

工進（京都府）

第7章

整形外科外来・手術・リハビリそして介護・在宅診療までワンストップで地域貢献

医療法人くすのき会　新門整形外科・新門リハビリテーションクリニック（鹿児島県）

第8章

型にはまらない自由な発想で「末永い幸せな暮らし」を支えるトータルライフサポートカンパニー

ジョンソンホームズ（北海道）

本書のまとめ

これからの時代を生き抜く　優秀ビジネスモデルの条件

本書の構成

本書では特徴的なビジネスモデルを作り上げた8つの企業（1つの医療法人含む）のケースの解説を通じ、どのような経営への取り組み方をすれば、強くそして善い会社が創れるのかを考えていただけるようになっています。8つの企業は、一般財団法人船井財団主催の「グレートカンパニーアワード」の大賞および各賞受賞企業です。プロローグでは「グレートカンパニー」の定義づけ、そして船井総合研究所が「ズバリソリューション」と名付けている、成功確率の高いビジネスモデルの考え方をご紹介しています。各章の企業紹介では、**読者が頭の整理がつきやすいように次の同形式の記述としています。**

【企業の立ち位置の理解】

・業界の姿～様々な業界が現在置かれている環境と固有の特徴
・業界の課題～業界が構造的に持つ課題
・理念・ビジョン～企業経営の根幹、戦略構築のスタート地点
・ビジネスモデル～ビジネスモデルの概観、優位性作りのポイント

・歩んできた道～試行錯誤における決断ポイント

【ビジネスモデルの構造と収益性向上の視点】

・収益性～高付加価値を勝ち取るポイント

・持続的成長性～市場や競争環境の変化を受けにくい仕組み作り

・人材吸引力～生産性を高め、夢と希望のある職場環境作りの取り組み方

【経営の品質全般を高める視点】

・顧客満足度～経営の品質を高めるための外部評価状況

・組織力～全社員の共感性を高め能力発揮できる環境作り

・社会性～自社のためだけでなく、世のため人のための活動が実施できているか

そして最後には、業界動向、各企業の実情を理解している専門コンサルタントがどう見ているのか、一言まとめ（この企業から学ぶこと）をつけています。

エピローグでは優秀ビジネスモデルの条件・作り方について、**弊社が様々な優秀企業の事例研究を通じて開発した「ビジネスモデル診断」を項目別にご説明していく流れとなります。**各項目は８つの企業が熱心に取り組んでいる共通要素も多く、強いビジネスモデル創りにどう取り組めば良いかが理解しやすいようになっています。

プロローグ

50年間の成長企業研究、グレートカンパニー研究からわかった優秀企業の条件

船井総合研究所がコンサルティング業務を通じて、たどり着いた「グレートカンパニー」という概念。事業ドメインを絞り込み、磨き上げ、実行精度を高めた、旬なビジネスモデルが「ズバリソリューション」。さらに独自性を高め、突き抜けたビジネスモデル創りに成功した8社の事例を、深く読み解いていただきたい。

今こそ時代に合ったビジネスモデルに転換する時

船井総合研究所は創業以来、約50年にわたって主に日本企業の99%のシェアを占めている中小企業の経営コンサルティングに取り組んできました。もちろん行政の仕事、大手企業の仕事、海外企業の仕事にも取り組んできましたがメインは中小企業の経営支援です。

その結果、中小企業に対する経営コンサルティングでは日本ナンバーワンだと誇れる累積実績となりました。

現在、年間約８０００から９０００社の企業とのお付き合いがありますが、主な業務は創業以来注力してきた成長実行支援（Ｐ／Ｌのカイゼン、売上利益アップ）に加え、近年の時代変化に合わせ、急速に進む人手不足に対応した人材開発支援（採用から教育、定着まで）、デジタル化支援（中小企業でも対応すべきＩＣＴ化）、さらには企業価値向上支援（Ｂ／Ｓのカイゼンから生産性向上、事業承継、Ｍ＆Ａまで）と事業領域を広げてきています。

わかりやすく表現すれば、右肩上がりの時代から右肩下がりの時代に移った日本の市場では、**企業も単に売上アップだけ実現しても企業存続は難しく、価値ある仕事を増やしながら企業成長を図らねばならない時代に入ってきたので、コンサルティングの現場でもその対応を強めてきているということです。**折しも人件費や諸経費も上昇傾向を示すようになってきており、しっかり稼ぎ、しっかり利益を残す経営を実現できなければ市場から退場さえ要求される時代になってきているという認識を持っているのです。

統計データを見ても日本の企業数は近年減少傾向にあり、中小企業庁によりますと、２００９～２０１４年で４２１万社の企業が３８２万社に。差し引き39万社もの大きな減少となっており、これらのほとんどは中小企業です。経営者の高齢化問題、後継者難という状況もあり廃業がさらに増加することも予想されるなか、開業数は廃業数を大きく下回っている状況であり継続して企業数は減少していくものと考えられます。

このようなきびしい環境において**昔のままの発想、昔のままの経営体制、昔のままの販売方式をとっていたら、企業成長を願っていても、現実的にはジリ貧となることは間違いありません。**企業としての生き残りを図るには環境変化に対応した経営に取り組み、自らが勇気を持って時代に合ったビジネスモデルへの転換が急務なのです。

成功の3条件、3つの企業の使命、正しい努力

弊社は創業者である船井幸雄がコンサルティングの指揮をとっていた時代、コンサルティングの現場で優秀企業をベンチマークし、経営で最も重要なことは、経営者および社員が「**素直**」「**プラス発想**」「**勉強好き**」であると結論づけました。

ここでいう「素直」とは他人のアドバイスを聞く、よく知らないことは否定しないこと、「プラス発想」は良いことも悪いこともいったん受けとめ、必ずなんとかなる、なんとかできる方法があると捉えること、「勉強好き」は人間の頭は使えば使うほど良くなるので生きている間は常に勉強したほうが良いということです。これらを**成功の3条件**と我々は呼んでいます。

そして船井幸雄は継続して成長する優秀企業とのお付き合いを深めるなかで、企業には**3つの使命**があると提唱し続けました。その3つとは「**収益性の追求**」「**社会性の追求**」「**教育性の追求**」です。

企業経営ですから、正しい形で収益性を追求することは当然重要です。適正な収益の獲得がなければ事業の拡大再生産は不可能となります。働く従業員に安心を提供す

ることも難しくなります。これがすべてのスタートとなる「収益性の追求」です。「社会性の追求」とは、世の中のお役に立つ商品やサービスを提供して社会を豊かにし、人々に幸せを提供することを追求することが重要だとしています。そして「教育性の追求」では、人を採用し育成し企業と社会をリードする有能な人材を輩出することに取り組むべきであると説いています。

ビジネスモデルを創造し改良するのも人なのですから従業員にチャンスを与え、能力発揮させることは企業経営の根幹です。多くの企業経営者も「企業は人なり」だと言っていますが、**信念を持って経営に立ち向かい、より人間性・人間力が高い人材を育成することが重要なことだと言いたかったのです。**

これら**成功の3条件、3つの企業の使命を知ってバランス良く実践しながら経営に取り組むことは現代社会においても優秀企業化を目指すためには不可欠なようです。**そしてこれらは大企業だけでなく中小企業経営でも経営者が意思さえ持てば実践可能な、「あるべき姿」なのです。このように優秀企業と経営者のあるべき姿の提示は船井総合研究所のクライアントの成長に大きな力となりました。高度経済成長期にあっても「勢いだけ、儲けりゃ良いだけの経営ではダメだよ」と船井幸雄が伝え続けた意義は大きかったと思います。

船井幸雄がまとめた経営哲学と経営手法は時代を経て、いつの日からか船井流と称され広まり、中小企業に大きな勇気を与えました。同時にクライアントに提案を続けた地域一番店戦略は企業に大きな経営目標を与えました。

力をつけ地域一番になろう、そしてさらに成長を続け業界一番になろう、そのために正しい努力を続けようという考え方は中小企業に競争優位性の作り方を考えさせ、競争を勝ち抜くための理論でありました。

その後、日本経済の成長が鈍化し、企業間競争が激化し市場のパイを奪いあう時代に入るなか、船井総合研究所では、総合化一番から差別化を意識した専門店化一番作りを推進する提案を行ってきました。

「グレートカンパニー」という概念・定義とは?

そして人口増加がついにストップし、さらに社会の成熟化が進み、企業淘汰が加速する段階に入ったタイミングにおいて再度コンサルティングの方向性の修正をする決断をいたしました。

約10年前のことです。そこで厳しい環境下でも継続的に成長を続けている企業を調査・考察し「グレートカンパニー」という概念・定義を作り、その定義に見合った事業展開を実践している企業を毎年8月に表彰することを始めました。今後の企業経営のモデルとして紹介していくためです。

グレートカンパニーに必要な条件は以下の5つです。

1. 持続的成長企業であること
2. 熱狂的ファンを持つ、ロイヤルティの高い企業であること
3. 社員と、その家族が誇れる、社員満足の高い企業であること
4. 自社らしさを大切にしていると思われる、個性的な企業であること
5. 地域や社会からなくてはならないと思われている、社会的貢献企業であること

このグレートカンパニーという定義・概念は創業以来、船井総合研究所が提唱してきた地域一番店理論を時代と商環境の変化に適合させたうえで発展させ、「今の時代のなかでの一番化とは何か」「一番化を実現した、その〝先〟何を目指すのか」を明示したものです。

ここでもう少し詳しく船井総合研究所がなぜグレートカンパニーを打ち出すようになったかをご説明することにしましょう。

船井総合研究所は一般的なコンサルティング会社とは違う特徴を有しています。それ

は企業に対して特定課題の解決プロジェクトや経営戦略策定などに取り組むだけではなく、業種の専門知識を持つ担当の経営コンサルタントが毎月、企業訪問をしながら個別企業の状況や企業レベルに合わせ課題解決型の定期経営支援を行うというものです。

本書でも各社紹介の後には業種別の専門コンサルティング部署の担当者コメントを掲載していますが、業種別に掘り下げた経験と知識を持つ数百名の経営コンサルタントが個別に企業支援を展開しているのです。例えば、住宅不動産なら住宅不動産専門のコンサルティング部隊を設けクライアント企業へ対応を行っています。組織内には住宅不動産のなかでも、採用に特化したコンサルタント、WEB集客に特化したコンサルタント、営業マン教育に特化したコンサルタントなどを配置することによって中小企業の細かな課題解決を図る体制を構築しています。

これらの専門性を持つコンサルタントが、業界で飛躍的成長をした優秀企業のうち、**業界内で尊敬され目標とされている企業を推薦し、その要素・特徴をとりまとめてグレートカンパニーの定義・コンセプトを創ったわけです。**

旬の成長ビジネスモデル「ズバリソリューション」

また私たち船井総合研究所は長期的な視点でグレートカンパニー創りを目指す企業のお手伝いをしながら並行して、成功確率の高いビジネスモデルを「ズバリソリューション」として紹介することにも注力してきました。

幸い船井総合研究所のコンサルタントは日本全国を定期支援で毎日忙しく飛び回っているため、これら成長ビジネスの種の発見が得意です。

軽自動車の新車リース販売に専門特化した「軽月々払い専門店」や、損保会社、医師からも信頼される「交通事故強化型整骨院」、大手住宅会社との競争にも強い「超ローコスト住宅ビジネス」などをはじめとする、我々が発見した旬の〝ビジネスモデル〟を磨き込み、実行精度を高め、より汎用的なルール化、システム化を図って完成させたものが「ズバリソリューション」だったのです。

中小企業の抱える経営問題の大半は売上と顧客の減少に起因する利益の減少です。

この「ズバリソリューション」は商品やサービスの陳腐化が進んでいる状況下でも「今この切り口のビジネスモデルに取り組めば顧客の支持を勝ち取ることができます

よ」と提案し、短期間で業績を高める取り組みです。

中小企業では商品開発や営業手法の改良、新しい販路の獲得など、「やらねばならないことは何かがわかっている」つもりでも体制整備や資金が追い付かず、手がつけられないというような状態が続きます。要はやるべきことをやり切れていないのです。「やり残しがある、やりきれない」状態がある状況は今や日本の企業の一般的な姿なのかもしれません。

そのような中小企業に寄り添い定期支援で毎月やることを整理し、PDCAを回して集中して課題解決するお手伝いをすることで次第に〝運〟や〝つき〟が戻ってきて企業は元気になります。そして、時流に乗るビジネスとはどういうものなのか、**今の時代、効率的に成長するためにはしっかりとしたビジネスモデルを中心に据えることがいかに大切なのかをお伝えしていくと、経営者の方は「今、自社は何に集中して取り組めば良いのか」を考えぬく癖がついていくのです。**

成熟化が進んだきびしい業界においても、さらなる絞り込みを行えば、成長できる要素はまだまだあるはずです。その部分に集中的にエネルギーや経営資源を投入して勝ち抜こうという、迷いのない経営をお手伝いしていると、**結果として多くの業界で非常識と言われるレベルの高い成長率や収益性の向上を実現することにつながってい**

く可能性があるとわかってきました。

では、ビジネスモデルの絞り込み、磨き上げを通じて独自化を図ることに成功し、「ありえない」ことを実現した、８社の事例をみていきましょう。

農業を支え続けナンバーワン

Chapter
01

グレートカンパニーアワード2016
グレートカンパニー大賞

――オーレンスグループ

税理士の関与がほとんどなかった煩雑な農業分野の税務申告代行に特化し、農家が本業に集中できるようサポート。税務面以外でも、IT環境整備や経営支援にまで領域を広げ地場産業の中心である農業を支援し続け、道内の27.7％に相当する1850のクライアントを抱えたコンサルティンググループに成長する。

税務面から 1次産業シェア

秀逸なポイント

税務申告×IT×農業経営サポートで 日本の農業の未来を支える

□農業分野の税務申告代行に特化

→　ニッチな分野で圧倒的ナンバーワンを獲得

→　業界を絞ることで業務効率をアップ

□税務だけでなく経営面まで含め農家を支援

→　様々な問題解消に尽力し、地場産業の中心である農業を守る事業を展開

□ IT 化による効率化に伴い圧倒的なデータを蓄積

→　データを生かし、地域の枠を超え全国の農家を対象とした経営支援を視野に入れる

企業プロフィール　オーレンスグループ

業務内容：農業経営コンサルティング・財務コンサルティング、各種システム開発・保守・運営
所在地：北海道標津郡中標津町
創業：1989 年（前身である福田紀二税理士事務所は 1971 年創業）
代表者：福田直紀　資本金：4000 万円
従業員数：134 名（グループ全体）2018 年 5 月時点

業界の姿① 税務会計業界――きびしい環境のなか、業務フローを大変革

オーレンスグループが属する業界は、2つの側面がある。

1つは、事業の核である税理士会計業界で、もう1つは酪農を中心とした農業界。

前者の税理士会計業界は、税務申告や税務書類作成の代行などを含めた税理士業務や、税理士業務に付随した財務書類作成などを事業として営んでいる法人・個人事務所で構成される業界を指す。

国内にはおよそ3万もの事務所があり、事務所数もマーケットも拡大しているため見通しが明るいように思える。しかし先行きは決して楽観的ではなく、もともと平均年齢の高い業界でさらに高齢化が加速し、今後IT化が進むことを考え合わせれば生き残りがきびしい業界といわれている。

これに対し同社は、現在のようにインターネットが普及する前から、農家の経営支援の一環としてインターネットプロバイダーを担ってきた。北海道の酪農家が位置するエリアに、大手プロバイダーの通信電波が届かないため、**自社で受信アンテナ用の鉄塔を建て通信インフラが不十分な地域をカバーし、ゼロからIT化の基盤を作った**

のである。

さらに、自社独自の会計ソフトやクラウド型の会計システム（42ページ参照）に早くから着手。1996年には金融機関取引の情報を、会計仕訳に自動変換するシステム（38ページ参照）を開発し、生産性を飛躍的に向上させている。

税理士会計業界における業務のメインは税務申告の代行だが、その一般的な業務フローは、おおよそ次のようになる。

1 領収書などを顧客から回収 → 2 会計ソフトに入力・決算書作成
→ 3 税務申告

つまり、領収書や通帳のコピーを回収して会計ソフトに入力、という労働集約型のビジネスモデルが一般的である。

オーレンスグループは、このビジネスモデルをドラスティックに変えることに成功。**前述の「1 領収書などを顧客から回収」というプロセスを省略し、金融機関にある取引データを会計仕訳に活用する業務フローに変更したのだ。**これで、資料回収のために広い北海道を走り回ることがなくなり、効率的な業務推進が可能になった。

業界の姿②農業界――非効率的とみられた畜産農家の税務申告代行業に飛び込む

農業界を構成する農家には、農業に専念する専業農家と、農業以外の仕事を兼ねる兼業農家があり、乳牛や肉牛などを生産する畜産農家と、穀物や野菜など農産物を生産する農家がある。

このうち、オーレンスグループの主要クライアントは専業農家の畜産農家で、特に加工乳を生産する法人・個人の割合が高い。

乳牛の飼育は通年で休むことなく行われるが、飼料の製造を行う5～6月が繁忙期となる。また、**確定申告のシーズンと重なる1～2月は寒さもきびしいため、本業の負担が大きい時期に、税務申告の準備をしなくてはならない。**

しかも畜産農家の税務申告は煩雑なため、作業を始めてしまうと長期間とりかから なければならず、本業に影響してしまう。

一方、税理士会計事務所は、煩雑なうえに報酬もそれほど望めない農業分野の税務申告の仕事を、積極的に取りに行こうとはしない。同じ件数をこなすなら、報酬の高い、ほかの業界にアプローチしたほうが効率的だと考える傾向にある。

以上のような事情から、多くの畜産農家は、繁忙期にもかかわらず自力で税務申告の手続きを準備しなければならなかった。**本業に専念するため、複雑な書類作成作業をやらずに各種税控除の権利を手放し、白色申告で済ませているケースも少なくなかった。**

オーレンスグループは、地元の主要産業をサポートするため、事業としては一般的に非効率的と考えられていた畜産農家の税務申告代行業に飛び込んだ。

当初こそ一般の認識どおり非効率的なビジネスで「不採算部門」と社内でも認識されていたが、**早い段階からIT化を積極的に進めて業務そのものを効率化し生産性をアップ。クライアントからの報酬を低く抑えつつ収益率を上げることに成功した。**

理念・ビジョン――事業を永続することこそ、理念の実現に必要

オーレンスグループの経営理念は、「地域の情報活動に貢献する」である。

北海道の農業・酪農家など一次産業の税務会計サポートを中心として成長してきたオーレンスグループは、事業拡大のプロセスにおいて、地域の情報インフラの整備、酪農家に対する成長支援など幅広いサービスを展開している。

その根底には、地域を良くしたいという創業原点がある。北海道の中心産業である1次産業を担う人の生活、そこから生まれる経済を良くすることは地域の発展に大いに貢献する。そこに貢献するためには、これからの時代、さらなる情報収集・活用が求められる。

これからますます必要とされる「情報」。それを活用し続けられる環境を作ることが、北海道の農業・酪農を支え、ひいては地域を豊かにする。地域が豊かになるため、情報インフラを担っていくのだという責任の表れが、この経営理念に凝縮されている。

理念を実現するため、次の行動指針を掲げている。

1　変わる覚悟を持つこと
2　自立（自律）心をもって人間成長をすること
3　情報収集を怠らず最善を見極めること
4　正しい倫理観をもって行動すること

5　事象を多面的な視点で捉えること
6　永続性には利益が不可欠であることを認識すること

これら行動指針の背景にあるのは、事業を永続することこそ、理念の実現に必要だという思想である。変化の激しい時代のなかで社員にも「自ら変化すること」「自律と成長」「情報収集によって最善を尽くすこと」「正しい倫理観のもとでの行動」「多角的な視点でものごとを見る」といったことを求め、地域貢献を続けるには必ず利益を出し続けることが企業として必要不可欠であると、全員が認識しなくてはならないと記している。

このようにオーレンスグループは地域に貢献するためにインフラとしての役割を担い、地域貢献し続けるために永続的に存在するという目的で経営を行う。この責任感こそが、オーレンスグループが発展してきた源泉であり、これからも成長を続けるパワーとなっているのである。

ビジネスモデル――分野に特化、農協と連携しデータ収集を効率化

オーレンスグループのビジネスモデルにおける独自性は、提供するサービスが「低単価」であるにもかかわらず、「高い収益性」を実現しているという点である。

税理士会計事務所の売上構造は、「一人あたり売上（生産性）×社員数」であるため、

・一人あたり売上（生産性）をアップする
・社員数を増やす
・売上、社員数とも増やす

という選択肢がある。しかし、「社員数を増やす」だけでは全体としての人件費比率が高まり、収益性が落ちることになるので、一人あたり売上のアップが必要となる。

税理士会計事務所の一般的な平均は、年間800〜1千万円／人である。

一方、オーレンスグループは、一人当たり売上の目安を約2千万円／人に置いている。この2千万円という一人あたり売上を「一人あたり担当件数×平均単価」に分

解すると、1人が約80件の顧問先を担当し、平均顧問料単価25万円に設定していることになる。

この、**単価25万円／件は一般平均よりはるかに低額なため**、同グループのビジネスが成立しているポイントは、「一人あたりの担当件数を最大化」していることにあるのがわかる。

担当件数を増やせるのは、**顧客を農業・酪農に絞ることによって専門性が高まり、業務の標準化と分業化がなされるからだ。**

また、**顧客の属性と提供するサービスが明確なため、顧客と関係性が深い団体（農協）にアプローチして一気に多数の顧客を獲得できるという、営業面でのメリットもある。**

さらに、人材の育成・活用の面でも好循環を生み出している。顧客を絞ったことで業務に必要な専門性と会計処理のスキルをある程度パターン化できるため短期間で身につけることができるという点だ。具体的な専門性・スキルとは、「会計処理」「決算書作成、申告書作成」「顧客への説明・アドバイス」の3つだが、通常、一人前と呼ばれるレベルになるには5年ほどの実務経験が必要である。

しかし、オーレンスグループなら3年で身につけることが可能で、特に「顧客への説明・アドバイス」という経験がものをいう要素に関しても、業界に特化していることから似たようなケースを短期間に数多く経験でき、人材が早く育ちやすい。

低単価で高い利益率を実現した背景には、「農業分野に特化したこと」という独自性にあったといえる。業界の慣例にとらわれず、非効率で誰も手を出さなかった分野で儲かる仕組みを作り、そこで突き抜けることによって他社の追随を許さない存在になった。

なかでも特記すべき点は、**会計処理に使う元データを顧客から集めるのではなく、金融機関にある取引データを預かったこと、さらにそれを自動的に会計データに変換する仕組みを導入したことであろう。**

クラウド会計が一般的になり、Webスクレイピングという Webデータ抽出の技術を使って金融機関やクレジットカードの取引データを会計仕訳に取り込む方法は今でこそ常識だが、それをいち早く自社で開発し、仕組みは違うものの情報の流れを抜本的に変えた発想力はもちろん、関係各所との調整や技術的な検討など、相当な労力がかかったことは容易に想像できる。

オーレンスグループのビジネスモデルは秀逸なモデルの複合体

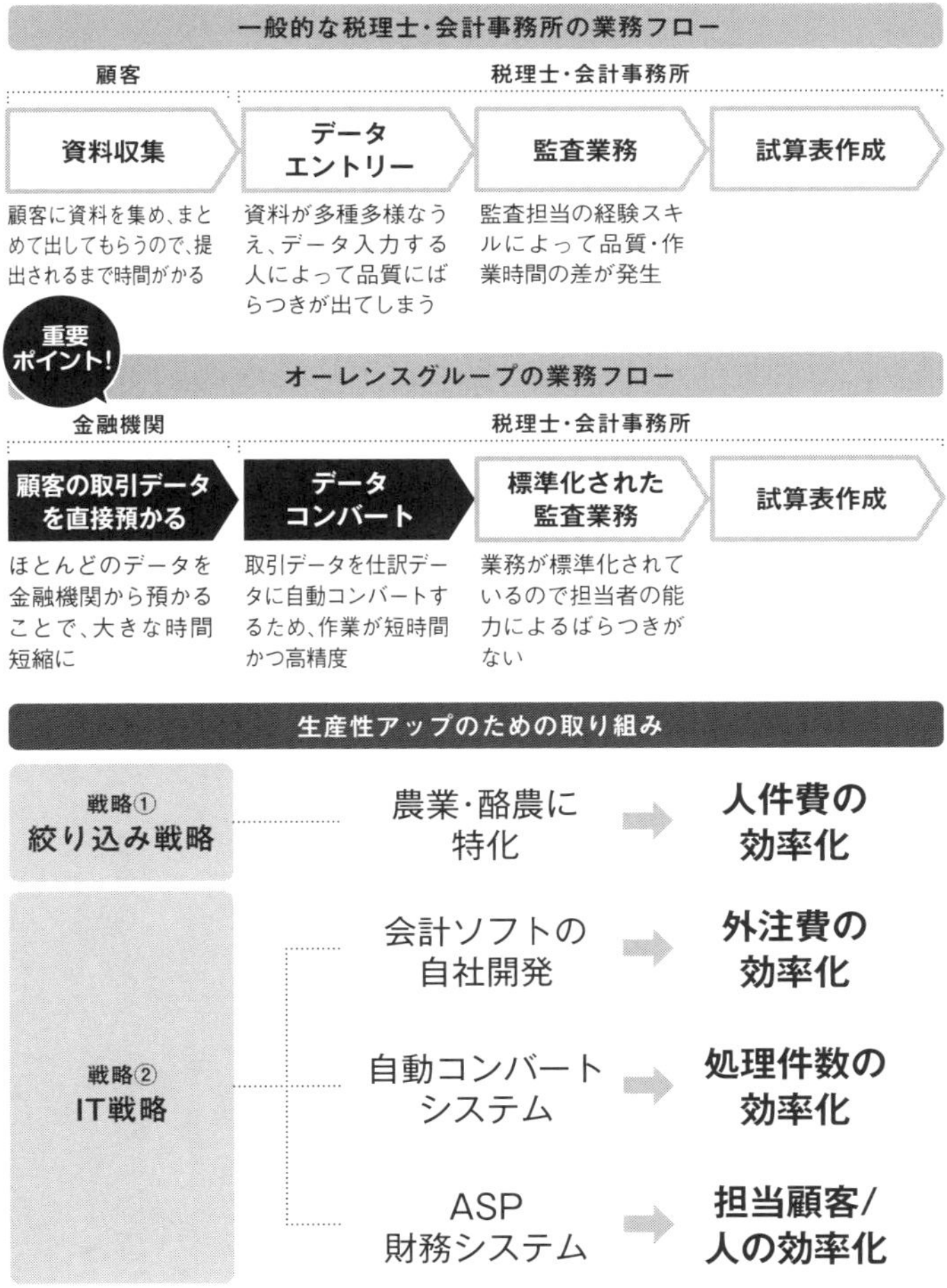

それらを実行できたのは、オーレンスグループが目の前の顧客、関係者と真摯に向き合い、その時々の問題解決を行ってきた積み重ねによるものである。

オーレンスグループは**戦略的に農業・酪農に特化したのではなく、目の前にいた酪農家の課題を見つけて解決し、それを2件3件と拡げること**で地域が良くなる好循環を生み出しながら結果的に突き抜けた戦略を持った企業になったのである。

歩んできた道——クライアント側の実務省力化をサポート、自社の業務を拡大

【創業期】

オーレンスグループの始まりは、創業者の福田紀二氏が同グループの前身である福田紀二税理事務所を開業した1971年のこと。自宅兼事務所、従業員は家族という体制で開業する税理士が多いなか、事務所に専用オフィスを借り、従業員も最初から5名採用するなど、経営を意識したスタートだった。

創業期の顧客の対象は一般事業者で、**会計業務は女性のほうが適していると判断し、従業員のほとんどは女性スタッフで制服も整えるなど、女性の戦力化を図った。**

当時、税理会計業務の中心となる資料は複写式の手書き伝票だったが、正確性向上と効率化のため、多額の投資を行って会計処理のためにコンピューターをいち早く導入したものの、その頃のコンピューター会計システムは性能が高くないうえに汎用性が乏しく、創業者の福田氏にとっては、納得のいくものではなかった。

そのため、全国の税理士たちとの勉強会を重ねるなかで、「市販のコンピューター会計システムでは事務所が発展しない」と気づき、財務会計システムの自社開発に踏み切った。

【成長期】

1978年、後に2代目代表となる高橋武靖氏が福田税務会計事務所に入社する。

1980年代に入り、地元の酪農経営者6名から確定申告のサポートの依頼を受ける。酪農は一年中仕事がある業界で、**特に年末から春までは乳量も増加して多忙になるため、確定申告向けの資料を作成することは、酪農家にとって極めて困難だった。**

その後、サポートした酪農経営者の口コミで受託件数が増加した結果、営業責任者の高橋氏を中心に農業事業部を設置し、本格的に酪農家向けの税務会計サポートを開始する。

福田経営センター株式会社を設立し、税務業務と会計業務の分離を行った1989年に高橋武靖氏が取締役に就任。高橋氏の主導により、酪農家からの受注量を増やすため、今まで接点のなかった農協にアプローチを開始する。

多くの農協では、確定申告時期に酪農家の決算書作成をサポートしていたが、そこを同グループが受け持ち、「農協の本来業務である営農業務に注力してください」と説得し、農協単位でのロット受注を促進した。

1990年代に入ると酪農家向け税務会計サポートの業務量が一気に増加し、従来の訪問型サポートに限界がきた。そこで1996年、農協にある取引データを会計データに自動変換するコンバートシステムを自社開発し、業務の省力化を図った。

2000年代に入ると今度は、今でいう「クラウド型会計システム」をリリースし、酪農家自身でできる会計処理は自分で簡単に入力をすませることができる仕組みを整える。さらに、遠隔地のインターネット環境を改善するため、プロバイダー事業（スカイネットV）を始める。

以上のような取り組みで効率化を進めると同時に、酪農家向けコンサルティング業務に着手し、ビデオによる牛の管理システムや個体番号の管理システムを活用しながらコンサルティング業務の展開をスタートした。

【転換期】

２００６年、のちの３代目代表となる福田直紀氏が福田経営センターに入社、その翌年には税理士法人福田税務事務所設立、２００８年に高橋武靖氏が福田経営センターの代表に就任し、グループの代表として経営を束ねることになった。

本社所在地（中標津）を中心とした釧根エリアでトップシェアに到達し、そのノウハウを元にサービスエリアを全道に拡大（２００７年札幌支社、帯広支社）。このタイミングで、船井総合研究所の支援により、さらなるバックオフィス業務の効率化を推進する。これにより、顧客との接点を複数持つとともに、より細かいサービスの実施が可能となった。

２０１１年、東日本大震災が発生し、北海道ＴＭＲセンター連絡協議会（酪農家に対して飼料を供給する組合をまとめる組織）の事務局を務めていたため、道内のＴＭＲセンター組合と連携して東北エリアの酪農家に、北海道で生産した飼料を無償で提供する。また、同グループはその輸送費の補助金申請、物流等の手配など、裏方からのサポートを行った。

２０１２年、福田経営センターを「オーレンス総合経営」に、福田税務事務所を「オーレンス税務事務所」に社名変更する。「オーレンス」はプロバイダー事業を通じて北海道中に認知された名称だったので、社名変更によって認知度を高めるとともに、現在の経営理念である「地域の情報活動に貢献する」を明確化することが目的であった。

2011年以降は、中富良野支社（2015年より旭川支社）、稚内支社を設立し北海道内でのエリア拡大を行うとともに、経営コンサルティングを主業務とするオーレンスパートナーズを設立（現在はオーレンス総合経営に統合）した。

また、このタイミングで**社員が成長することで会社の業績が上がる仕組みの評価制度を構築し、早期の人材育成と業績アップを実現する組織作りを行った。**

2017年、福田直紀氏がオーレンス総合経営の3代目代表に就任し、グループ全体の責任者となった。東京支店も開設し、北海道で培ったノウハウの全国展開を推進している。

収益性──高い生産性と経費節減徹底の組織風土

オーレンスグループの営業利益率は、ここ10年でみると平均20％を超えている。2

016年以降は積極的な人材への投資（人件費・教育研修費）を進めているため20％を切っているが、それでも高い収益性を維持している。

収益性を高めている要因は、生産性（一人あたり売上）が、他の税理士会計事務所と比較して著しく高いことがあげられる。

「ビジネスモデル（36ページ）」で前述したように、一般的な税理士会計事務所は一人あたり800万〜1200万円／年であるのに対し、オーレンスグループは約2千万円／年を目安としている。一人あたりの担当件数を最大化するために、以下の3つを行っている。

1　顧客担当と業務担当を分ける分業体制を敷いた
2　業務の標準化（システム化）を進めた
3　自社開発のシステムにより顧問契約が継続する仕組みを作った

1と2は37ページに述べたが、3は税務関連以外のサービスになっている点にも注目したい。簡単にいえば、税務会計のシステムだけでなく、個体管理システムや生物原価管理システム（牛および飼料などの原価管理を行う）などを税務顧問サービスと一緒に使ってもらうことで、継続率が下がらない仕組みだ。

営業活動においても、ターゲット客をたくさん抱える組織・団体（オーレンスの場合は農協）にアプローチするロット営業を行うため、一気に数十件から数百件の案件を受注できる。これにより農業・酪農、一部漁業などでも高い生産性を維持できている。

一方、**費用については、「必要なものを厳選してコストをかける」というスタンスが浸透している。**例えば、顧客訪問の移動手段として使う自動車は、自社で持っているのではなく、ほとんどはレンタカーで対応している。

その理由は、顧客が酪農家の場合、先方の繁忙期（5～6月など）は訪問ができず、その期間は自動車を使わないため。もう1つの理由は、使う時にだけ借りるようにすれば、使う時の効果を最大化させようとする心理が働くからだ。

このように恒常的な経費まで必要最低限に抑えるべき、という組織風土が定着していることで収益性アップにも貢献している。

持続的成長性――あらゆる面で競合に優位に立つ

税理士会計事務所のビジネスは、税務会計顧問というストック型収益で、他のビジネスよりも安定性は高い。しかし、昨今のＩＴ化の波に押されて、多くの税理士会計事務所は単価ダウンや顧問契約の解除が進むことが課題となっている。

オーレンスグループは、すでにこのＩＴ化に対応しており、もともと単価が低く抑えられている。さらに、地域の基幹産業である、農業・酪農の顧客を顧客対象にしているため、産業自体が衰退する可能性が低く、急激に顧客を失うこともないと考えられる。

また、顧客である農業・酪農事業に対して、**税務会計だけでなく様々な分野でインフラの役割を担っているため、離脱する顧客がほとんどなく極めて安定性が高い。**何社かの競合もいるが、圧倒的なシェア（ブランド力）と専門性、そして農業・酪農経営に関する膨大なデータ（ビッグデータ）を有しているため、現在のポジショニングはゆるぎないものと考えられる。

こうした状況を作り出した同グループに求められるのは、存続し続けること、そしてそのための経営状況を維持することである。つまり、オーレンスグループの事業承継が円滑に進み永続するための、準備やアクションが必要となる。

組織永続のため、現在は、高い自己資本比率（80％超）を維持し、常に高いレベルでの内部留保を確保している。

自己資本比率や内部留保の状況は、ここ数年の取り組みによる成果ではなく、**創業者の経営手法の根本である「ムダ金は使わない」「備えあれば憂いなし」の2つを、2代目、3代目も受け継いでいることによる。**

創業期はシステム開発費用など企業規模に相応以上の投資を行ったこともあり、投資の失敗も経験している。その原体験を生かしたからこそ、現在のような安定性の高い財務体質を実現できた。

もちろん、これからの環境変化、市場ニーズに対応していくために緻密かつ大胆な投資は行っているが、根底にある創業者の思いは今後も継続されていくであろう。

以上、「マーケット」「ビジネスモデル」「財務状況」と様々な角度からみても、同グループが持続可能性の非常に高い経営を行っていることがわかる。

人材吸引力――持続的成長の要となる課題

採用は、オーレンスグループ創業期から続く課題であり、今後も大いに頭を悩ませるポイントと考えられる。本社のある中標津町は2万数千人の人口規模で、町内に高校は1つ、もちろん大学はない。人口集積エリアでもないため、入社が期待できる地元出身者の数にも限界がある。立地的に、道内の大学や高校から人材を誘致するのも容易ではない。

人口密集地の札幌に支社ができたため、札幌支社を拠点とした採用活動は良い方向に向かっているが、組織成長の基本となる新卒採用が盤石な体制であるとは言いがたい。

そのため、**Uターンや I ターンでの採用に力を入れ、道外からの採用、特に中途採用を強化してきた**。また、福田直紀氏が3代目の代表に就任してからは、専門性の高い人材を登用するなど、異業種からの採用も積極的に行っている。

企業の成長スピードを鈍化させないよう、オーレンスグループでは、必要な人材を確保するため採用に手を尽くしている。さらに今後は、アジアを中心に、農業・酪農の専門家育成をサポートする計画もあり、法的な問題を解決しながら海外の人材採用も進めていく方針である。

顧客満足度——代替不能な、高いサービスレベルを維持

オーレンスグループは北海道内で圧倒的なシェアを誇っているが、高いシェアを維持している要因は、毎年200～300件の新規案件を獲得していることと、顧問契約の解約率が著しく低いことにある。

いわゆる顧問契約の解除件数は年間10件未満であり、廃業による顧問先数の減少を加えても、年間20～30件の契約終了しか発生していない。廃業を除く解約率はここ数年0・2％未満である。

もちろん、圧倒的なブランド力で競合他社の追随を許さないからこその解約率の低さ、という側面もあるがそれだけではない。顧客が離脱したくならないだけの高いサービスレベルを維持している、つまり顧客満足度が常に高いという証左でもある。

実際にサービスを受けている顧客の声を、いくつか紹介してみよう。

【有限会社　中山農場　代表取締役　中山勝志氏】

オーレンスさんは農業という業界にかかわりを持って、そのなかでナンバーワン企業であることを目指しています。そのため、オーレンスさんは今農業経営に何が必要かをきちんと理解して、我々農家に対して積極的なアプローチをしてくれています。そこはとても助かっています。

農業経営は自分たちだけだと難しい部分がたくさんあるので、外部の力を活用することは重要です。そういう外部の力をどれだけ取り込めるかが、我々の成長にかかってきます。オーレンスさんはその事情をよく理解し、きちんとそれに応えている会社だと思います。そういう会社がないと、我々は成長できないのです。

【井上牧場　代表　井上哲孝氏】

北海道の東、別海町で祖父が入植して酪農を始めました。祖父と父が丁寧に育てあげた事業を継ぐ決意をした矢先に父が病に倒れ、十分な準備ができないまま、経営のすべてを行わなければいけなくなりました。

父は税金に詳しく、すべて自分でやっていましたが病に倒れ、私が実家に戻った時に病気が見つかり闘病の末、亡くなってしまいました。会計や相続のことがまったくわからない状況で農協に相談したところ、オーレンスさんを紹介していただきました。

相続の面倒を見てもらえると決まった時は本当に安心しましたね。資産を誰にどうやって引き継ぐのが効率的なのか。あらゆる観点から真剣に考え抜いてくれて心強かったです。

農地や牛、自給飼料、農機具等、酪農特有の資産の相続手続きに加えて各種保険の受け取りまで、聞いたことのないルールばかりで困惑しましたが、すべておまかせでスムーズに処理してもらいました。

当初は相続サポートのみをお願いしていたのですが、稼業を継いだあとの相談にも乗ってほしかったので、会計に関する顧問契約を結んで、様々なアドバイスを引き続きもらっています。悩みごとを気軽に相談できる相手がいるのは良いですよね。確定申告も、父のころはできていなかった65万円の控除を、オーレンスさんとの契約を機に受けることができるようになりました。父が残してくれた資産を受け継ぎ、さらに事業を拡大できるように、オーレンスさんに助けてもらいながら進んでいきたいと思います。

このように、オーレンスグループは、**顧客にとってなくてはならない存在になっており、顧客からの高い支持を得て、さらに成長していく**と予想される。

組織力――特に「成長」を意識し体制・制度を柔軟に変更

船井総合研究所が提供する「組織力診断」の直近の結果では、総合満足度75・8％とグレートカンパニーの平均を上回り、社員から高い満足度を得ている組織であることがわかる。特に、社員自身が感じる「仕事への誇り・ステイタス」の項目は高い値で、退職懸念確率を示す数値も1・5％にとどまり、実際の退職者数はこの10年間の平均を見ても4％未満となっている。

組織体系は、税務申告を主に行う「税理法人オーレンス税務事務所」、会計処理・コンサルティングを行う「株式会社オーレンス総合経営」（2018年にオーレンスパートナーズを事業統合）、システム開発を主に行う「株式会社オーレンス」の3社からなる。このうち、規模的にも事業的にも中心となるのが、株式会社オーレンス総合経営である。

オーレンス総合経営は、顧客と直接接点を持ち、月次の試算表や年に1度の決算報告を行う部門と、会計処理を担当するデータセンターに分かれている。一般的な税理士会計事務所では顧客接点を持つメンバーが会計処理も行うため、属人的になり非効率になりがちだが、オーレンス総合経営は分業体制を確立したことにより、顧客対応する社員は顧客に対する提案・説明、様々な不安の解消などに集中することができる。データセンターは、全顧客の会計処理を一手に引き受け、業務の標準化とシステム化（IT化）による効率的な業務運営を可能としている。

顧客を担当する部門が顧客ニーズを引き出し、顧客ニーズに必要なシステム開発は株式会社オーレンスで、展開はオーレンス総合経営で行うという流れが確立している。税務部門である税理士法人は申告業務や税務調査対応などの独占業務を行っており、税理士資格を持つメンバーが中心になって業務にあたるなど、**役割分担が明確だ。**

人材の早期育成にも取り組んでおり、評価制度も「成長」に焦点を当て、社員の成長がグループ全体の業績向上につながる仕組みを導入している。具体的には、入社から3年で、主力事業である酪農経営の専門家になることを目標とし、各年度に身につけるべきスキルと経験を設定し、その到達度合いが個人の評価となり報酬に反映される、といった具合だ。

給与制度の基本的な考え方は「中標津町の企業・団体のなかでもっとも高い年収を目指す」である。**地方都市で年収がもっとも高いのは役所であることが多いが、同グループは、同年代の中標津町役場の職員を上回る年収を目指している。**

このような組織力を向上させる取り組みは、3代目の福田直紀氏が中心になって行っており、組織体制・評価制度・賃金制度など、柔軟に変更を繰り返している。

社会性——産業そのものや地域を守る活動を、本業のなかで行っている

オーレンスグループは地域の基幹産業である農業・酪農家のサポートを行っており、現状のシェアやサービスの提供内容からみても、地域のインフラとしての役割を担っていることは明確だ。この事実だけでも、北海道という地域においてかなり社会性の高い取り組みを行っているといえるだろう。

それに加え、常にオーレンスグループとして「地域や農業界に貢献できることは何

か？」を考え追求している。その代表的な事例は、２０１１年3月の東日本大震災に被災した東北エリアの酪農家に行った飼料の提供支援である。

震災によって福島原子力発電所がストップし、放射能が周辺に降り注いだ。そのエリアの酪農家にとって致命的だったのは、牛の飼料の安全が担保できなかったことである。

現地からその情報を聞いた酪農学園大学からの相談に対し、オーレンスグループはすぐに反応、北海道ＴＭＲセンター連絡協議会の事務局として、道内のＴＭＲ（栄養価の高い混合飼料）センター事業の組合を通じて北海道で生産した飼料を提供することを協議し、直ちに実行に移した。

なお、現地支援の輸送にかかった費用は、オーレンスグループが中心となって補助金の申請を行い、後方からの支援を行った。

この支援は、２０１１年6月から２０１４年まで3年間継続し、延べトレーラー３３５台、ロール飼料９６８４個にも及んだ。これによって何軒が救われたかについての詳細な記録はないが、相当数の酪農家が廃業の危機から救われたことと思われる。

オーレンスグループの成長プロセスで注目すべきは、「目の前のお客様の課題を解

決する」ということを愚直に行ってきたことである。

酪農経営者が確定申告で困っていたからこそ、確定申告業務をスタートさせた。通信環境が良くない地域の農家・酪農家がいたから、鉄塔を自前で建てて無線LAN事業を行った。人手不足で牛の飼料生産が負担になっている酪農家がいたから、給食センターのように飼料を配給するTMRセンター事業をサポートした。そして、東日本大震災のような非常事態においても、持っている資源と知恵をフル稼働して、東北の酪農家を守った。

このように、目の前の顧客の課題を解決することで成長してきた同社は、さらに「地域の情報活動に貢献する」というミッションを掲げて産業そのものや地域を守る活動を、本業のなかで行っているのである。

この企業から学ぶこと

●引き継がれる、内に秘めたる熱き思い

オーレンスさんとのお付き合いは2007年より始まりました。船井総研主催の税理士会計事務所向けセミナーに参加いただき、その後、札幌支社で、当時の福田経営センター代表の高橋さん、現オーレンス総合経営の福田代表のお二人と面談しました。

最初に面談した折に、私から**「目標とする事務所はどこになりますか？」と質問すると、当時の福田経営センター代表の高橋さんは「ここだよ！」と後ろの窓を指さしました。その先にあったのは、茶色い大きなビル、ホクレンの本社ビルでした。**

高橋さんに、同業他社の名前を出していただくことを期待していた自分を恥じるとともに、とてつもない大きな目標を心に秘めているのだということを直感しました。

その後、業績は伸び続け、大きな課題でもあった事業承継も行われました。爆発的な成長ではありませんが、着実に継続的な成長を実現されたのです。

担当コンサルタントとして常に感じていたのは、創業者の福田先生、2代目の高橋さん、3代目の福田代表に共通する「**謙虚さ、誠実さ、真面目さ**」です。

何ごとにも真摯に対応し、偉ぶることもなく、ある意味淡々と物事を進めていくという、静かで穏やかに映りながらも、心の奥底では強い責任感と意思を持って経営に取り組む姿勢。これこそがオーレンスグループの強みとすごさなのです。

執筆：金融・M&A支援部　部長　竹内　実門

Chapter

02

グレートカンパニーアワード2018
グレートカンパニー大賞

で生産性を向上させインフラからIT企業を目指す

──インフォマート

受発注にファックスを使うなどIT化の遅れが目立つフード業界で、企業間の商取引を電子化するクラウド型のサービスを提供。手軽な利用料とデバイスを選ばない使い勝手の良さ、システムのメリットを十二分に享受できるサポート体制などで街の小さな飲食店から大手チェーンまで圧倒的な支持を得て、創業から21年で利用企業数30万社、流通金額8兆円を超える企業に成長。

商取引の電子化 飲食業界の 業界・国を超えた

秀逸なポイント

IT 企業らしからぬ導入プロセス重視の姿勢で
取引先も巻き込み飲食業界のインフラに成長。
業界や国を超えて必要とされる企業を目指す

□オーダーメイドではなくインフラとしてのシステムを提供

→ 低料金と使い勝手の良さが支持されシェア30％に

□「One To Many」戦略で利用企業の輪を拡大

→ システム導入した企業が取引先にも導入を誘う巻き込み戦略で利用企業数 30 万社を突破

□「BtoB プラットフォーム請求書」でさらに成長を加速

→ 業界を問わない企業間商取引の電子化により顧客が急増

企業プロフィール　株式会社 インフォマート

業務内容：企業間 (BtoB) 電子商取引プラットフォームの運営
企業間で行われている「販売と購買」「見積もり提出と受取」「発注と受注」「請求書発行と受取」「支払と入金」等の商行為を電子化した「BtoB プラットフォーム」を運営
所在地：東京都港区　創業：1998 年　代表者：長尾収
資本金：32 億 1251 万円　従業員数：452 名 (2019 年 3 月末時点)

業界の姿①外食業界について――縮小市場のなか、商取引を電子化する

インフォマート自体は企業間取引の電子化サービスを提供するＩＴ企業だが、なかでも外食産業におけるサービス利用企業が非常に多い。

外食産業の市場規模は、２０１７年で推計25兆６５６１億円（日本フードサービス協会調べ）。ここ数年は微増傾向であるが、大局的には１９９７年の29兆７０２億円がピークで、その後は規模縮小に転じ、２０１１年には22兆８２８２億円にまで縮小。その後は緩やかな回復傾向が続いているが、成長のピークを越え成熟した市場といえる（次ページ参照）。

インフォマートの事業の柱は、食品卸会社と飲食店との間で行う商取引を電子化するビジネス、「BtoB（企業対企業）プラットフォーム受発注」である。

つまり、外食チェーンなどを「食材の買い手」、その取引先である食品卸会社を「食材の売り手」として、日々の食材の受発注業務をインターネット上で行うシステムを提供している。

外食産業市場規模計の推移

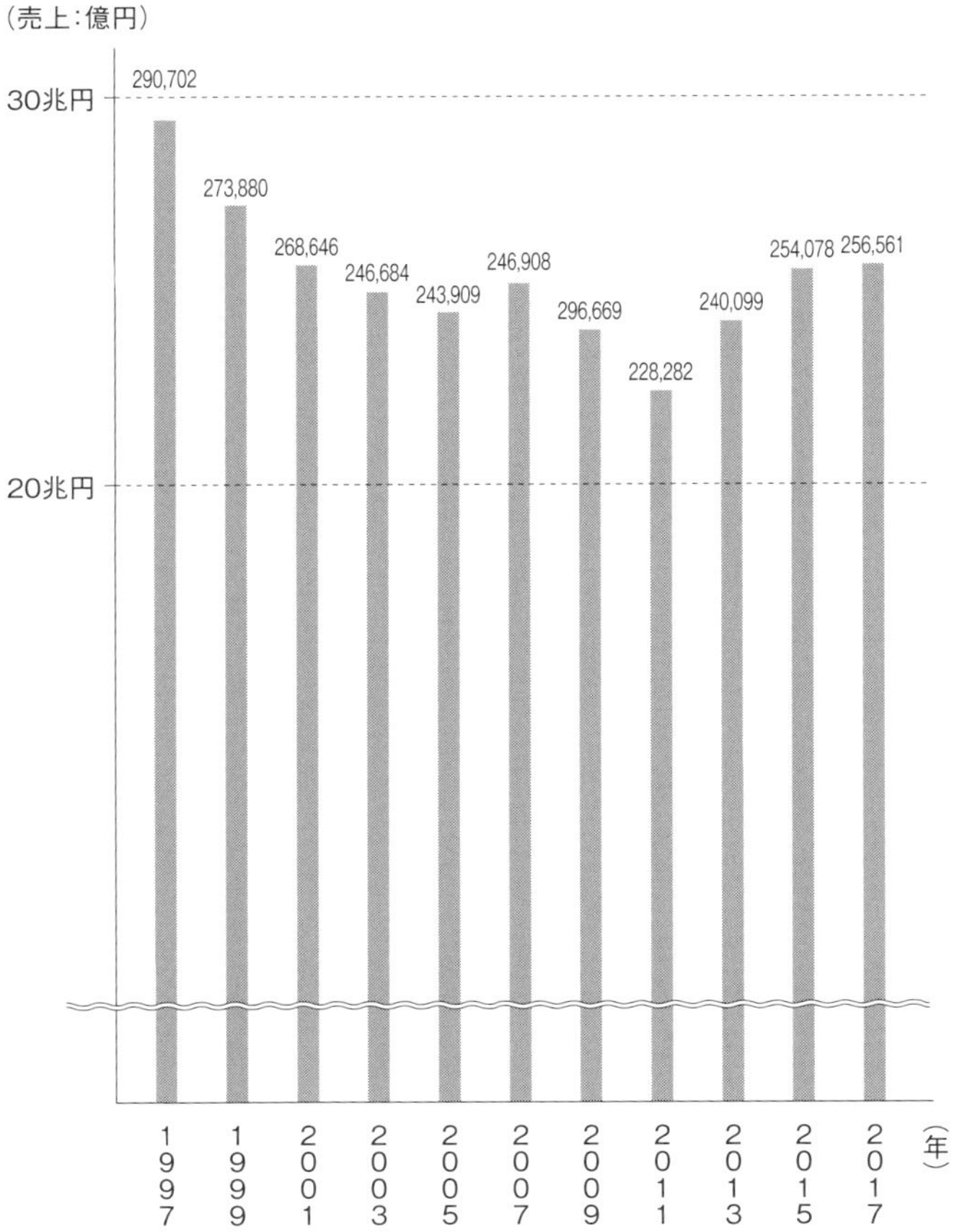

業界の姿②外食産業を支えるIT企業――利用する顧客の利便性価値を最大化する

インフォマートのようにフード業界向けITサービスを提供している企業は、インターネットの黎明期から数多く誕生しているが、生まれては淘汰されていくような激しい過当競争のなかで事業を営んできた。

インフォマートが事業のメインとしている企業間電子商取引という分野にも先駆者は存在したが、後発である同社は「顧客の役に立つ」という視点で事業を推進し、成長し続けている（詳細は76ページ）。

一般的に、飲食店には20社程度の取引先が存在する。多店舗化を実現した外食チェーンとなるとその数はさらに増え、100社を超えることとなるが、企業間の取引を電子化し、インターネット上で一元化することで、様々な効率化ができる。

電子化によるメリットの1つは、**取引の効率化による受発注のミス・ムダの排除**。多くの飲食店は食材の受発注を電話やファックスで行ってきたが、「つながらない」「ファックスが送れない」などのトラブルが避けられなかった。これらは電子化することで防げる。もう1つは、企業全体の生産性向上。経営が順調で店舗数が増えても、

電子化により経理など間接部門の人員を増やす必要がなくなる。

メリットの多いシステムであるが、これを飲食店が利用し、利便性価値を享受するためには、飲食店や外食チェーンのその先にある20社、100社の取引先企業にも電子化に賛同し、取引形態を変更してもらう（そろえてもらう）必要がある。飲食店が電子化の利便性による恩恵を受けるには、**すべての取引先がインフォマートを利用する、という環境がそろうことが前提となる。**そのためには取引先を1社1社説得する必要があるが、一般的なＩＴ企業は、このプロセスに工数を割かない。

しかし、インフォマートは「システムを利用する顧客の利便性価値を最大化する」ために、システムリリース当初は、1社1社を訪問し説得するプロセスに、人員と時間を割いてきた。この**地道で手間暇のかかるプロセスに向き合ってきた**ことで、徐々にインフォマートを活用する企業が増え、システム利用者にとって享受できる恩恵が増える好循環を生み出すことになっていった。

経営の異なる2社以上をまたいだBtoBでのシステム導入は簡単ではなく、営業の手間もシステム導入や管理の手間も、取引する企業の数だけかかってしまう。インフォマートは、その手間がかかって大手がなかなか手を出さない地道な活動を継続することによって、事業を伸ばすことに成功した。

理念・ビジョン——顧客である利用企業こそが最大の応援団

インフォマートで掲げる理念は次のとおり。

世の中の役に立ち、世の中に必要とされ、
世の中に喜んでいただける事業を通じ、
お客さまと共に会社も個人も成長し続け、社会に貢献していきます。

理念に関連して、同社の代表取締役社長・長尾収氏は次のように語る。

「電話やFAX、郵便、相対等、時間とコストをかけて行なわれている商行為を、BtoBプラットフォームを利用することで生産性が向上、時短とコスト削減につながり、売上拡大、そしてペーパーレスによるECOにも貢献できます。私たちは、そんな世界が実現することを目指してBtoBプラットフォームを提供し発展させております」

（同社ホームページより抜粋）

今でこそ、飲食店の現場にもPCが設置されているのは当たり前だが、インフォマートがシステムの提供を始めた1990年代後半頃は、店舗にPC環境がそもそもなく、同社のシステムに魅力を感じてもインターネット接続、PCの購入から環境を整えなければならない状況で、なかなか普及しなかった。

実際2003年6月の単月黒字に至るまでは資金繰りがきびしい時代もあったが、そんな状態でも自分たちの理念に基づき、地道に1社1社訪問したり説明会を開いたりしながら、少しずつ利用社数を増やしていった。

また、ビジョンとしては、以下のように広い視野での目標を掲げている。

BtoBプラットフォームで、取引関係のある企業と企業を、社内を、ビジネスパーソンをつないで結び会社経営、ビジネススタイルを大きく変えるシステムを提供する。企業や人が中心となり、自然に業界の垣根を越え、国の垣根を越え世界に広がるシステム、事業を構築し、グローバルなBtoBプラットフォーム企業を目指す。

ビジョンについて長尾社長は、次のように話す。

「すべての企業で販売と購買、見積提出と受取、発注と受注、請求書発行と受取、支払と入金は行われ、企業間での商行為は世界共通です。（中略）BtoBプラットフォームで企業と企業を、社内を、ビジネスパーソンをつないで結び、会社経営、ビジネススタイルを大きく変えるシステムを提供いたします。そして、業界の垣根を越え、国の垣根を越え、世界に広がるシステム、事業を構築し、グローバルなBtoBプラットフォーム企業を目指してまいります」（同社ホームページより抜粋）

このような理念、ビジョンに基づいた活動の結果、今では約30万社以上が利用するプラットフォームとなり、文字どおり、利用企業にとっては「なくてはならないシステム」になったといえる。

プラットフォームとしての存在感が増すなかで、ある大きな事故が起こった。BtoBプラットフォームでは日々膨大なデータ量が行き来するが、２００７年11月にサーバーの不具合により、システムがストップしたのだ。

日々システムを利用する飲食店や卸売り企業にとっては、もはや日常業務に「なくてはならないもの」であるため、利用企業は業務に大きな支障をきたした。

怒りの声をあげる多くの企業に謝罪しながら、インフォマートでは全社員が不眠不休で対応し、システムの復旧作業に追われていた。

そんななか、数社の利用企業がトラックに食料を積んで届けてくれてこう言ったという。

「とにかく頑張ってシステムを早急に復旧させてくれ。そうじゃないと我々の仕事は成り立たない」

本来なら怒鳴られてもおかしくない利用企業から、逆に応援されたのだ。

「なくてはならない」プラットフォームになったということを象徴する出来事であった。

ビジネスモデル——取引先全社導入に向けて利用者を全面サポート

インフォマートがメイン事業としてきたのは「BtoBプラットフォーム 受発注」システムだが、実は似たようなシステムを開発してきた会社はこれまでいくつもあった。

ではなぜ、インフォマートがフード業界でプラットフォームとして業界スタンダードになれたのか。その理由は主に3つある。

1 低料金の利用料とクラウド型のシステムで導入しやすさを実現
2 個別の顧客に応じたカスタマイズをしない
3 マンパワーを使ったシステム導入のサポート

従来は、個別企業の注文に応じてシステム会社がオンリーワンのシステムを作るオーダーメイド形式が普通で、個々の企業に合わせたカスタマイズをするため何十万円、何百万円という費用がかかっていた。

しかし、インフォマートのシステムは、例えば1店舗あたり月千数百円の利用料という手軽さ。クラウド型なのでデバイスも選ばず、インターネット環境さえ整っていればパソコンでもタブレットでもスマートフォンでも使える。

2を徹底し「**標準**」を貫いてきたのは同社のポリシーだが、システムを利用する顧客の要望はきちんと吸い上げ、そのなかから最大公約数的なニーズを考慮し、次々と使いやすいように「標準」をバージョンアップさせている。

こうして、全国規模のチェーン店から家族経営の街のお店まで、あらゆる規模の飲食店でシステムが使われるようになり、業界のインフラとして広まっていった。

一度システムが稼働すれば、その利便性から、離脱するケースはほとんどない。いわゆるストック型で、昨年までの受注はすべて積み上がりとなり、今年の新規案件がそこにプラスされていく。

つまり、顧客が増えれば増えるほど収益はアップする仕組みで、しかも個別のカスタマイズの工数をかけないため高収益になる、というビジネスモデルだ。誰でも使える低料金のプラットフォームに仕上げながら、なおかつ高収益というのは他社が提供するシステムと比べて差別化ポイントの1つだろう。

以上の高収益構造を支えているのが、3のマンパワーを使ったサポート。そしてここが、**インフォマートのもっとも特筆すべき点といってもいい**。なぜなら、1と2は、他社でも模倣できないわけではないからだ。

インフォマートは、中小のIT企業にしては従業員数が多い。では、増やしたマンパワーはどこに使われているかというと、次の2つになる。

・企業間で自社のシステムを導入してもらうための説明
・導入後のサポート

単店の飲食店オーナーが食材の受発注を電子化しようと思っても、すぐに導入するのは難しい。なぜなら、食品卸会社など自店の取引相手にも同じシステムを入れてもらう必要があるからだ。

しかも、すべての取引先が同じシステムを導入しなければ、本当の利用者メリットは享受できない。たとえ小さな飲食店でも、取引先は1カ所2カ所ではすまないだろう。例えば、20社ある取引先のうち10社はシステム導入を受け入れてくれて、残り10

ビジネスモデルの特徴は文字どおりクライアントの「完全稼働」をサポートしたこと

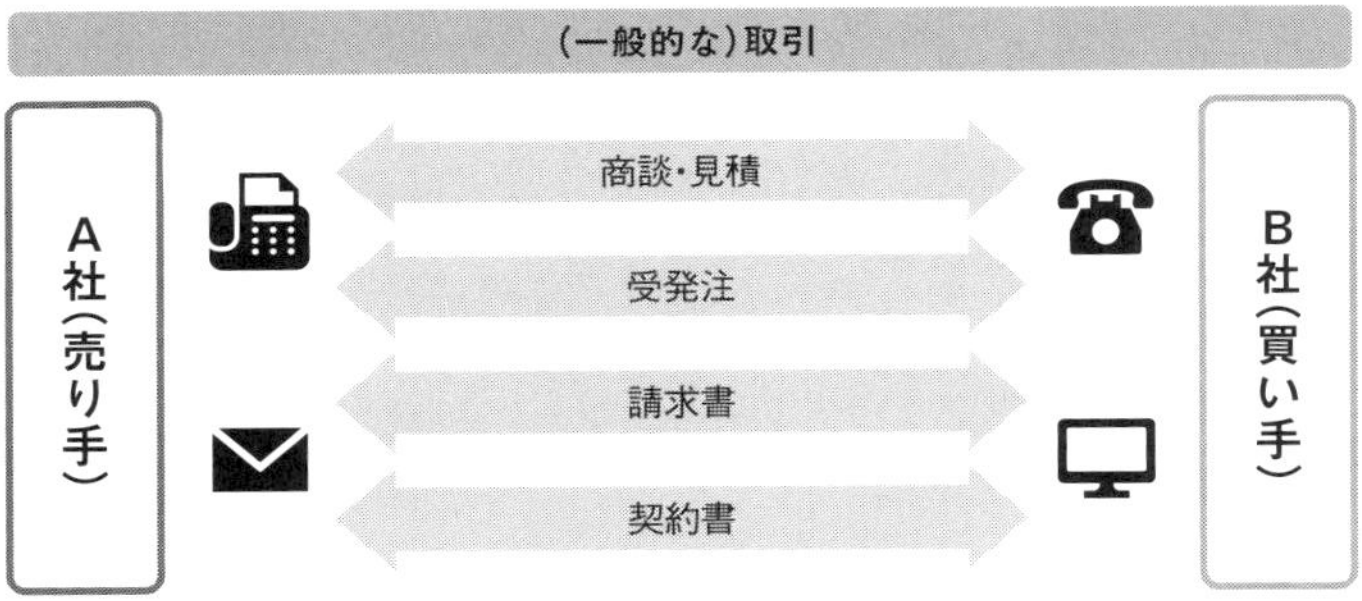

企業と企業が取引する場合、
様々なやり取りが企業間で行われる

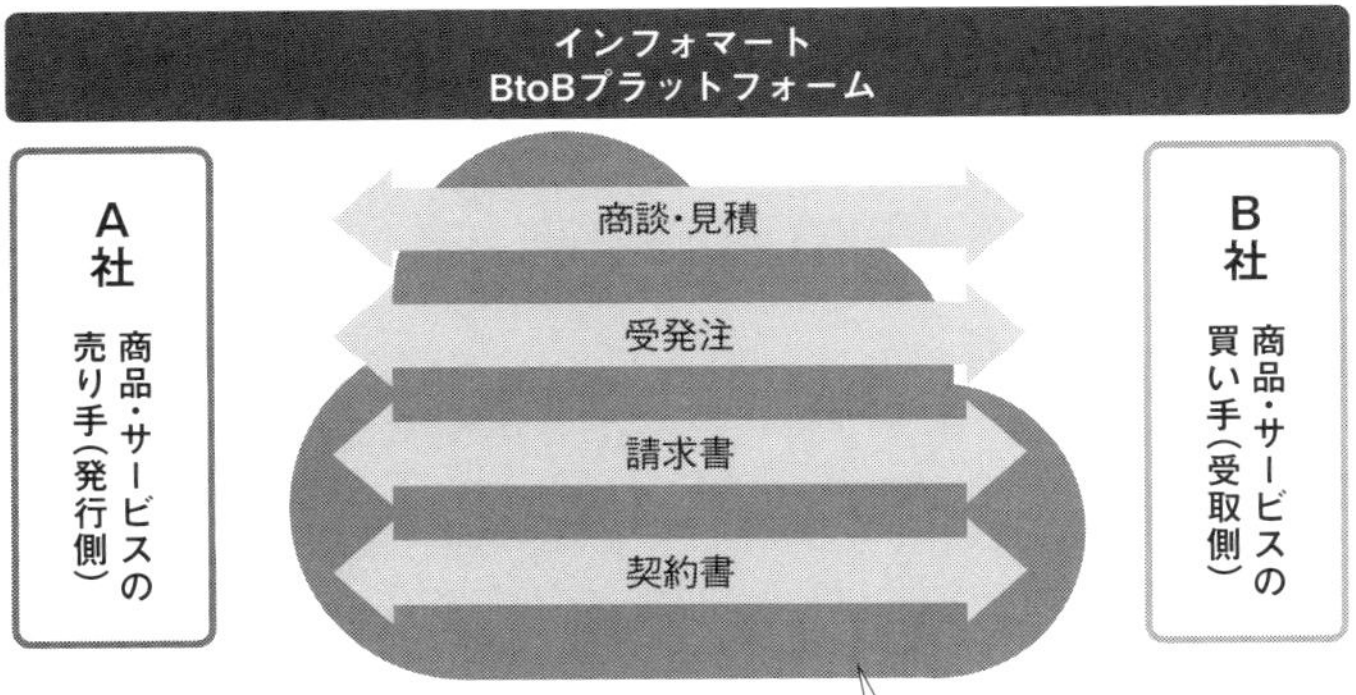

企業間の取引における、様々なやり取りを
インターネット上で完結できる
プラットフォームを安価な料金で提供

POINT
クライアントの取引相手すべてにマンパワーをかけて説明し、同じプラットフォームでやり取りしてもらうことで、利用メリットを最大化社が従来どおり電話やファックスでの受発注になったとすると、結局二元管理で非効率、あるいは以前よりも大変になってしまう。

そこでインフォマートは、システム導入を検討している企業の取引先に対して説明会を行うなど、人的なリソースをかけてインターネット上での電子商取引を成立させる下地作りを手伝っている。

取引相手がすべて同意し、いよいよシステムが稼働するとなった時も、インフォマートはマンパワーを使ってシステムが完全に稼働したかどうかを1社ずつ確認し、完全に稼働し切るまでサポートする。

逆に、稼働し切らなければ利用者メリットが下がり、「何社かは従来どおり電話とファックスになってしまった。中途半端で結局手間だから、やっぱり元に戻そう」と考え、システムから離脱する店舗や企業が出てしまうかもしれない。

実際、インフォマートの受発注システムが登場する前から、**似たような事業でマーケットに打って出て消えていった企業がいくつもあるのは、システムが完全稼働するまでマンパワーを使うことができなかったから**だ。大手卸売企業ともなれば取引先は数百社、数千社単位、店舗数で見れば数万にものぼるのだから、それをすべてフォローするのは同じ中小規模のＩＴ企業にとっては至難の業だろう。

一方、大手企業ならマンパワーはあるものの、街のいち商店にまで社員を派遣するようなことはできない。いち商店を回るより、全国チェーンなど大きなビジネスを狙うほうが効率的と考える。

競合がひしめくなか、同社の「BtoBプラットフォーム受発注」がフード業界のインフラとして普及したのは、他社がやらないプロセスにしっかりとマンパワーを割いて、利用者メリットを高める活動を地道にやり続けていることが理由といえる。

フード業界向けの「受発注」の前後には「BtoBプラットフォーム 商談」「BtoBプラットフォーム 規格書」を立ち上げた。企業間の商取引は「受発注」のみならず、多岐にわたる。これらをニーズの高いものから一つひとつ丁寧にシステム化し、リリースし続けている。

最近では、全産業、全業種で利用可能な「BtoBプラットフォーム 請求書」「BtoBプラットフォーム 契約書」「BtoBプラットフォーム 見積書」「BtoBプラットフォーム 業界チャネル」の４事業を展開。フード業界を超えて広がり続け、２０１８年末に利用顧客数は30万社を突破、プラットフォーム上の流通金額は８兆円に達している。

歩んできた道——急成長のため一時資金難があったが節目で飛躍

【創業期】

「まだ誰も手がけていないことで、世の中の役に立ち、必要とされ、喜んでもらえるビジネスをつくりたい」

1998年、創業者・村上勝照氏の、このような思いから事業はスタートした。

フード業界に飛び込んだきっかけは、起業の方向性を模索していた時、ある百貨店役員との会話から「産直品や特産品を売るために販路を拡大したい企業」と、「条件に適う食材を見つけ出したい都会の企業」の存在を知ったこと。「売り手と買い手をダイレクトに結ぶ場を作れば、取引先を探す手間やコストが減り、絶対に喜ばれる」と村上氏は考えた。

そして、マッチングサイト「FOODS Info Mart」を開設。**売り手は食材の特徴や価格、納期など、買い手は仕入れたい食材の特徴などの情報を提示することで、効率的なマッチングにつながる仕組みを構築した。**

創業当時はインターネットの黎明期で、最初に作ったプラットフォームのデモ画面を確認できる設備が自社になかったため、パソコンが展示されている家電量販店の店頭でシステムの動作確認をしたという。

フード業界の潜在的な課題を解決する画期的なサービスとしてユーザー数・取引先は急増したが、資金が足りなくなり、新聞に出資者を募る広告を掲載するもののまったく効果がなく、資金繰りが厳しい時代もあった。

その後、大手企業の出資を得て、2003年2月「ASP受発注システム（のちのBtoBプラットフォーム 受発注）」のサービスを開始。日本はインターネットが普及した今もファックスでの受発注が残る国。そこに切り込んでいったのは、実に画期的なことだった。

【成長期】

ADSLの急速な普及でインターネットが高速化されたこと、「低料金のクラウド型」が小規模事業者の多い外食業界に受け入れられたことで、成長期に突入する。

まだ経営資源が乏しい時代に**システム拡大の大きな後押しになったのは、卸売り企業の存在**である。

数多くの飲食店と日々、ファックスと電話で取引を行う卸売り企業にとっては、インターネットを活用した受発注システムを自社の取引先飲食店が導入することによって、受注業務の効率化が進むため好都合。つまり、インフォマートの受発注システムは「買い手」である飲食店や外食チェーンのみならず、「売り手」の卸売り企業にとってもシステム活用のメリットが大きかったのだ。

そのため、卸売り企業が取引先の飲食店や外食チェーンにインフォマートのシステムを推奨することで認知は急速に高まっていく。

このような「追い風」を受けながら、システムに関心を持つ飲食店やその取引先企業に1社1社訪問したり説明会を開催したりすることで、**システム導入後も稼働率を高め、システムの利便性をしっかり享受してもらうようサポートに力を注いだ**ことがシステムの普及につながっていく。

2011年12月には、「ASP受発注システム」のタブレット端末・スマートフォン対応機能をリリース。従来は、飲食店の店舗に保管される食材を冷蔵庫や保管庫まで行って紙に数を書きとめ、デスクに戻ってパソコンで入力していた。

しかし、**タブレット端末で直接入力できるなら、食材を補完してある場所でそのまま発注が可能**となる。これによってまた一段階ステージが上がり、顧客数が増加した。

【転換点】

フード業界に特化した企業間電子商取引プラットフォームとして成長を続けてきたインフォマートであるが、2015年1月、「ASP請求書システム（のちのBtoBプラットフォーム 請求書）」稼働開始は大きな転換点となる。

これは、**数社の顧客から、請求書の電子化を相談されたことで、システム化したも**のである。

2018年6月には、システム提供からわずか3年半で利用企業数が20万社を突破、2019年6月時点ですでに30万社以上が利用するまでに広がりをみせている。

それまでは飲食店、外食チェーン、そして卸売り企業といった外食業界中心に利用されていたが、**利用業種を問わないシステムが備わったことで、インフォマートの顧客数は爆発的に増えている**。

2018年には「BtoBプラットフォーム 請求書」システムに続き、フード業界に利用が限定されない「BtoBプラットフォーム 契約書」システムをリリース。今後も業界・業種の垣根を越えて広がりをみせていくだろう。

収益性——「なくてはならないツール」であれば利益は高くなる

従来のシステム会社のように、オーダーメイドでクライアント企業独自のシステムを作るビジネスでは、1件あたりの金額は数十万円、数百万円、大がかりなものになると数千万円にもなるため、利用企業は限定される。システム販売金額は大きいが工数や期間がかかるうえ、そこからの広がりやストックもない。

それと真逆のビジネスで成功したのがインフォマートだ。

インフォマートの売上の95％は、1店舗あたり月千数百円、あるいは取引高あたりのわずかな金額というシステム利用料である。

単店あたりの金額は小さいが、使用料を低額に設定していることで小さな商店でも気軽に使えるようにしたこと、そして一度システムを使用するとその利便性によって「なくてはならないシステム」となり、**利用者の離脱がなく、顧客数は年々積み合がっていくストック型ビジネスであるため**、時間の経過とともに利用者が増加し、それによって高い収益性を生んでいる。

短期間で急成長を遂げた裏には、取引する双方の企業が同じインフォマートのシステムを導入しなければ成立しない「参入障壁」があったからだ。

商取引の電子化にメリットを感じたとしても、すべての取引先が同じシステムを導入しなければ二元管理になって十分なメリットは得られない。

そこで、システム導入に積極的でない相手に対し、時間と工数をかけて説得し、すべての取引先に導入してもらう。プラットフォームビジネスの特徴として、「利用者が増えるとさらに利便性が高まっていく」という特徴があるが、時間の経過とともに利用者メリットが高まることで事実上の標準（デファクトスタンダード）にまで存在感はますます高まっている。

フード業界での経験を踏まえ、「BtoBプラットフォーム 請求書」など業界を超えた事業も好調である。特に請求書については、完成度の高いものを他社に先駆けてリリースし、大手企業に採用されたことで一気に顧客拡大が進んでいる。その結果、これら独自性の高い取り組みにより、ＩＴシステム企業としては非常に高い30％を超える営業利益率を生み出している。

持続的成長性——業界の壁にとらわれず、積極的に他業界へ展開

システムの改善や改良にあたっては個別対応をしない代わりに、システム利用者の声を吸い上げ続け、どの声をシステム改善に取り入れ、改善・改良投資をかけるか、どの意見は見送るのかというのを、絶えず経営判断し続けている。そのサイクルを回し続けていることが、持続的成長につながっている。

顧客の声は、直接のインタビューによって収集する。そこにもマンパワーを惜しまないのが、インフォマート流だろう。

今後の見通しについては、同社のビジョンとして掲げている「グローバルなBtoBプラットフォーム企業を目指す」の言葉どおり、海外進出はキーワードになるだろう。ただし、まずは、国内フード業界の**市場シェアをさらにとること**と、「BtoBプラットフォーム　請求書」など**業界を超えた事業をしっかりと普及させること**が軸になる。

さらに、医療や美容など他業界への「BtoBプラットフォーム」進出もスタートしたところで、今後は業界の壁にとらわれず、積極的に他業界へと踏み出していくものと予想される。

人材吸引力――足元を見つめる活動を通じて高い定着率を実現

フード業界で広く知られるインフォマートだが、BtoBのシステムであるため、社員たちが市場の評価や顧客の声を直接聞き、自らの存在意義を実感する機会は少ない。そのため、インフォマートでは「顧客の声」に触れたり、「存在意義」を実感したりできる機会を積極的に作っている。例えば、システムの利用社数などを社内に掲示したりホームページなどで開示したり、利用者の声を定期的に取材し社内で共有する機会を設けたりしている。

また、社員がそれぞれ担当する業務において設定した目標の達成に、上長がしっかり関わっている。**PDCAを重視し、「できない理由は何か?」「何がボトルネックになっているのか?」と論理的に考え解決していく社風があり、**その行動の結果にも、日報、週報、月報というコミュニケーションで上長がしっかり関わることを大切にしている。

これらの活動によって高い定着率を実現し、その結果、持続的な成長（創業来20年連続増収）を実現している。

顧客満足度——一度使い始めたら止められなくなる

今や国内で200店舗以上を展開する「串カツ田中」は、3店舗目の立ち上げ直前に、インフォマートの「BtoBプラットフォーム 受発注」の導入を決めた。そのきっかけは、「この先、10店舗になることを想像してみてください」という営業担当者の言葉。10店舗にまでなれば、納品書・請求書の処理は今のままでは難しくなる、**業務量を減らすためにもシステム化が必須と考えた末の決断だった。**

同店のスタッフによれば「現在は取引データを売上管理システムにデータ連携できるので、リアルタイムに日次損益が把握できるようになった。マニュアルもよくできており操作も簡単なため、現場のスタッフもすぐに覚えてくれた。店舗ではタブレットを利用しているが、発注漏れなどがあった場合は、即座にスマートフォンで操作することも。本格的に店舗が増えていく直前という導入タイミングもよかった」という。

BtoBプラットフォームは、導入してすぐ「業績がみるみる上がった」というような効果実感は少ないが、**なくなってしまうと経営がたちいかなくなるほど困る。**つまり、「存在メリット」ではなく「非存在デメリット」が大きいということだ。

組織力――基本を徹底することで成果の再現力を高める

社風としては、個々のアドリブや勘に依存するのではなく、**誰がやっても高い成果、結果が出るような「王道」によって個々の能力や個性を伸ばすアプローチを重視**する。型やマニュアルを大切にし、それらの精度を高めていく改善活動を繰り返すことで成果の質を向上し、成果の再現力を高め続けていくのがインフォマート流だ。

また、前述のように、報告書を重視していることも特徴の1つ。日報、週報、月報で個々の社員が自身を振り返り、上長はそれを見ながら定期的に個人面談をする。

面談では、自分たちで目標を立て、それがきちんと達成されているかどうかを確認し、できていなければ何が原因でできていないのか、どう改善しどう動くべきか答えを出して、**「個」の成長に向き合いながら、ＰＤＣＡをきっちり回していく**ことを重視している。

これらを徹底することで、システムを利用する顧客により精度の高い成果を出してもらうことはもちろん、社員一人ひとりの成長も目指している。そして、立てた目標の達成や個の成長に基づいて、賞与による社員へのフィードバックも重要視している。

社会性——事業そのものが社会性が高い

インフォマートが、様々な企業間における商取引を安価な料金で電子化することで、数多くの企業の生産性向上に貢献していることはここまで述べてきたとおりだ。

今後、少子高齢化や人口減少がますます進む日本国内において、一人あたりの生産性向上はとても重要な社会的命題である。生産年齢の人口が減り、人手不足が深刻化するなか、希少な生産年齢の力をいかに活用するかが日本の大きな社会的課題になるが、この命題に対してインフォマートは、**ＩＴの技術を普及させることで生産性を上げること、仕事の時短につなげる**ことで社会に貢献している。

要するに、インフォマートの事業そのものが社会性が高いということであり、今話題の働き方改革や、少子高齢化時代にマッチしているといえる。

そして、社会的な意義の高い事業活動こそが企業として持続的な成長につながっている点は特筆すべきポイントだろう。

また、様々な企業間の商取引を電子化することで**ペーパーレス化を推進し、紙資源の節約にも貢献している**点も付け加えておきたい。

この企業から学ぶこと

●誰の目からみても秀逸なビジネスモデル

インフォマートの売上高は2018年期において76億円、社員数453名（連結）で、ITの巨大企業らと比較すると決して大きな企業規模ではない。

しかしながら、日々の地道な営業活動、システムの改善活動、新システムの開発活動を継続的に行うことにより、BtoBプラットフォームを安価な料金で提供することを可能とした。

そして現在、30万社を超える企業にシステムが利用されるまでに発展し、利用者の利便性、生産性を高めるような社会性の高いビジネスを営むようになっている。

さらに、そのビジネスは**高収益であり、社員、顧客だけでなく、投資家など幅広いステークホルダーからの評価も高い「グレートカンパニー」**であるといえる。

執筆：フード支援部　部長　二杉　明宏

された製造技術とプロモーションの高収益モデル

Chapter
03
グレートカンパニーアワード2013
グレートカンパニー大賞

――白ハト食品工業

単品を追究し高められた技術力と、「ダサイ」を「かっこいい」に変えるプロモーション力で事業を順調に拡大。国内販売シェア80％の冷凍大学イモのBtoBと、駅ナカや百貨店を中心に実演販売で「魅せる」商品を提供するビジネスモデルを作り上げた店舗販売のBtoCを2本柱に高収益を上げ続ける。2000年からは農業に本格参入し6次産業から12次産業化を目指す。

単品特化で深化
価値観を変える
相乗効果による

秀逸なポイント

**優れた製造技術とプロモーションで収益を上げ
高齢化する農業再興のために還元し地域貢献**

□単品に特化することで生産性を向上

　→　高効率の製造を可能にして利益率をアップ

□効果的なプロモーションにより商品イメージを転換

　→　「ダサイ」から「かっこいい」へ

□「らぽっぽなめがたファーマーズヴィレッジ」で農業を応援

　→　地元雇用を生み、都心からの移住を誘導

企業プロフィール　白ハト食品工業 株式会社

業務内容：さつまいもの洋・和菓子の製造販売、たこ創作料理・たこ焼き・明石焼き専門店の運営
所在地：大阪府守口市　創業：1947年　代表者：永尾俊一
資本金：4500万円
従業員数：正社員87名（グループ計128名）、
パート・アルバイト911名（グループ計1039名）2018年12月現在

業界の姿——大手と中小零細では対応策の違いが顕著に

白ハト食品工業は、冷凍大学いもの製造と、スイートポテトやたこ焼きの製造・販売をメインとした事業を営む企業だ。

日本の食品業界は99％近くが中小零細企業で、地方に点在しており（2014年経済産業省「工業統計調査」より）、国内市場は人口減少と成熟化により成長が鈍化停滞している。日本の食品業界の課題は複雑な流通構造による低収益性。そして、2000年代初頭からの食品偽装問題や中国の農産物・加工食品の残留農薬問題を契機に、消費者の食への安心安全への意識の高まり、高齢化率が高まるなか、健康・美容など機能性を有した商品開発への対応である。

大手食品メーカーはこれらの課題に対し、資本力を生かした設備投資と海外市場の開拓により、収益性と成長性を確保する動きを見せている。

一方、地方の中小零細企業は、設備投資による生産性向上や商品開発、原料の安定調達といった課題に十分対応できていない企業も少なくない。さらに、生産・加工・

流通・小売り・外食という業界の垣根は溶解し、垂直統合や異業種からの業界への参入も近年では続々と登場し、縮小する国内市場のパイを新たな競合も増えるなかで分け合っている状況だ。

また、「産直」という言葉に代表されるように、生産者直売所やインターネット通販による直売に力を入れ、消費者とダイレクトにつながり商品を届ける生産者・食品メーカーも台頭している。

白ハト食品工業では、これらの業界の課題や動向を、独自の方法論で解決し、安心安全で高品質の商品を安定供給する独自のビジネスモデルを確立し、高収益を実現している。

理念・ビジョン——農業をとおしてお客様の小さな幸せのために

白ハト食品工業の経営理念は、次のとおり。

「芝居浄瑠璃　いもたこなんきん」

を通してお客様の小さな幸せに何度も何度も役立ち続けていきたい

先頭の文は江戸時代の川柳にあやかったもの。昔から、女性の好むものは「芝居・浄瑠璃」「いも・たこ・なんきん（かぼちゃ）」といわれてきたが、同社の事業の中心も、冷凍大学いもの販売や、「おいもさんのお店らぽっぽ」「らぽっぽファーム」「たこ家道頓堀くくる」の運営で、「いも・たこ」を使った食品群が中心になっている。

いも・たこ・なんきんという、**親しみやすく身体に良い食品を使い、素材にこだわったおいしい商品作りを追求しているのが同社の特徴の1つ**となっている。

いも・たこ・なんきんが経理理念に結びつけて考え出されたのは、先代社長である永尾和俊氏のアイデアによるもの。冷蔵庫の普及が進んでいない1960年代当時、白ハト食品工業はまだアイスクリームの販売店だったが、アイスクリームが売れない冬場で事業の柱となる商品を考えていた時に妻がおやつで食べていた焼きいもを見て、経営理念に採用した「いもたこなんきん」の一文を思いついた。

「らぽっぽ」「くくる」では店頭で実演販売を行っているが、これは「芝居・浄瑠璃」のライブエンターテイメントの実演パフォーマンスを加え顧客と感動を共有するためだという。

同社では、**提供しているのは商品ではなく、買った人の小さな幸せ（ドラマ）だとしている**。そして、「お客様に夢を与え、お客様を虜にする。そしてお客様のお役に立つ」ことが同社で目指し続けるもの＝経営理念だ。

経営理念は、朝礼から各種会議、イベントなどでの取り組みでも常に念頭に置かれている。「お客様の役に立つ」企業を全社一丸となって目指す指標になり、スタッフ一人ひとりの行動の基本としても生かされている。

一方、ビジョンとしては、「国産さつまいも自給率100％」「いもたこなんきんのグローバル化」「徹底したCS（顧客満足）経営」などを掲げてきた。

そして直近では、

日本の農業をステキにしよう！

というビジョンを打ち立てている。

安心・安全なさつまいもを安定的に継続加工するためにも、**高齢化が進む農業を守らなければとの気づきが、農業に力を入れるきっかけとなった**。以来、直営・契約栽培でさつまいも畑を持つことで原材料の安定供給を行っている。

農業重視の姿勢を象徴するのが、2015年に茨城県行方市でオープンした「らぽっぽなめがたファーマーズヴィレッジ」。旬の野菜が並ぶマルシェやレストラン、カフェがあるだけでなく、農業体験・手作り体験ができる体験型農業テーマパークだ。

ここでは、原材料の生産から加工、販売まで自社で一貫して行う6次産業を実現。さらに、地域での雇用を生み、都市部に移住した地元の若者を呼び戻すなど、地域活性化の原動力にもなっている。

ビジネスモデル――まずは単品商売でしっかり利益を上げて体力をつける

様々な事業を展開する白ハト食品工業グループだが、メインは次の2つになる。

1 冷凍大学いもの製造・販売
2 「おいもさんのお店らぽっぽ」「たこ家道頓堀くくる」の店舗事業

国内販売シェア80％（2018年）と圧倒的な日本一を誇る冷凍大学いもの主な販売先は、コンビニエンスストアやスーパーである。

圧倒的なシェアを獲得している理由は、国産さつまいもの安定調達力と製造技術力にある。そして、シェアを大きく伸ばす契機となったのは、2008年に起きた中国残留農薬問題だ。問題発覚により中国産さつまいもの輸入がストップし、競合他社は原材料の確保に苦しんでいたが、同社では以前から国内の産地と契約栽培に取り組むと同時に、宮崎県に国産さつまいも専用加工工場を開業していたため、国産さつまいもを使った商品を供給することができた。

それによって当時のシェア40％から80％へ大きく拡大している。この経験から、近年では自社の直営農園でのさつまいもの生産にも力を入れるようになった。

これらは大手といえども一朝一夕でできることではなく、差別化要因となっている。

また、他社との商品力の差も、大きくシェアを伸ばした要因の1つだ。同社では、他社の製品よりも大学いもの周りの飴が落ちないよう、徹底して研究開発を行った。飴をつけるタイミングや最適な温度も含め、飴が落ちない特殊な技術を開発できたことが、シェアを維持することにもつながっている。

冷凍大学いもの開発と製造ラインはすべて同社のオリジナルで、この製造技術や設備を自主開発するのが中小零細企業ではなかなか難しく、競争力の一因となっている。

2の店舗事業は、「らぽっぽ」「くくる」のいずれも、駅ナカや百貨店などの大型商業施設への出店を基本として店舗数を伸ばし、美味しく、楽しく、便利、スピーディーにヘルシーな商品を提供するビジネスモデルを作り上げた。

その特徴は、「おいもスイーツ」「たこ焼き」といった市場規模の大きな単品に絞った専門店を経営理念の「芝居・浄瑠璃」に紐づいた実演販売で実施していること。

単品に特化した事業展開は、一般的に、一度に大量に仕入れることによってディスカウントの交渉ができる、商品を研究し尽くせる、必要な設備も絞り込まれるため1店舗あたりの投資額が低い、業務も標準化しやすく効率的でパート・アルバイトや新入社員を早期に戦力化できる、など多くのメリットがある。

商品を深く研究することにより、効率的な生産や、高品質な商品の開発が可能になる。原料費を抑え、利益率の高い優れた商品をたくさん売る。これによって企業としての体力を蓄えられたのは大きい。

単品商売は飽きられやすいというデメリットもあるが、もともと市場規模が大きく、子どもから高齢者まで幅広い層になじみのある商材を選び、実演販売によるパフォーマンスと、目の前で作られたできたての商品をすぐに食べられるという付加価値、そして、季節限定など時代のニーズに合った新商品の投入によって補っている。

店頭実演販売にこだわってきた同社では、商品よりも「人」をメインとして位置づけ、自社内でマイスター制度を設けて実演販売のパフォーマンスレベルを競い合い、高め合う仕組みも作っている。

同じさつまいも、同じたこ焼きながら、持ち前の技術と設備の力で商品バリエーションを開発し、幅広い客層から支持されているのも同社の優れたポイントだろう。

近年では、原料の安定調達という目的から参入したさつまいもの自社栽培を契機に、農園で生産・加工・販売まで一気通貫で展開する6次産業化に取り組み、体験型農業施設「らぽっぽなめがたファーマーズヴィレッジ」をオープンさせた。

同施設は、茨城県行方市やJAなめがた（現JAなめがたしおさい）の協力を得て廃校となった小学校を活用し、宮崎工場と並ぶ菓子製造拠点として整備された。さつまいもスイーツや地元野菜などの販売、さつまいもについて学べる「やきいもファクトリーミュージアム」「農業体験型施設ロイヤルファームオーナーズクラブ」などで構成。地域への経済効果も高く、廃校利用の成功例として注目されている。

オープン後も、畑が目の前に広がる施設に宿泊する「ファームグランピング」など事業領域を拡大している。

現在、白ハトブランドの店舗は国内100店舗以上に拡大しているが、海外にも出店。中国上海に「くくる」6店舗、ハワイには現地ブランドの「Hawaiian sweet potato factory」ショップがオープン。世界のいもたこなんきん屋として展開をしている。

単品商売でしっかり利益を上げ体力をつけたからこそ、新しいことにチャレンジできたのだといえる。

ビジネスモデルの特徴は商品の絞り込みにより
マーケットの深掘り、横展開を可能にしたこと

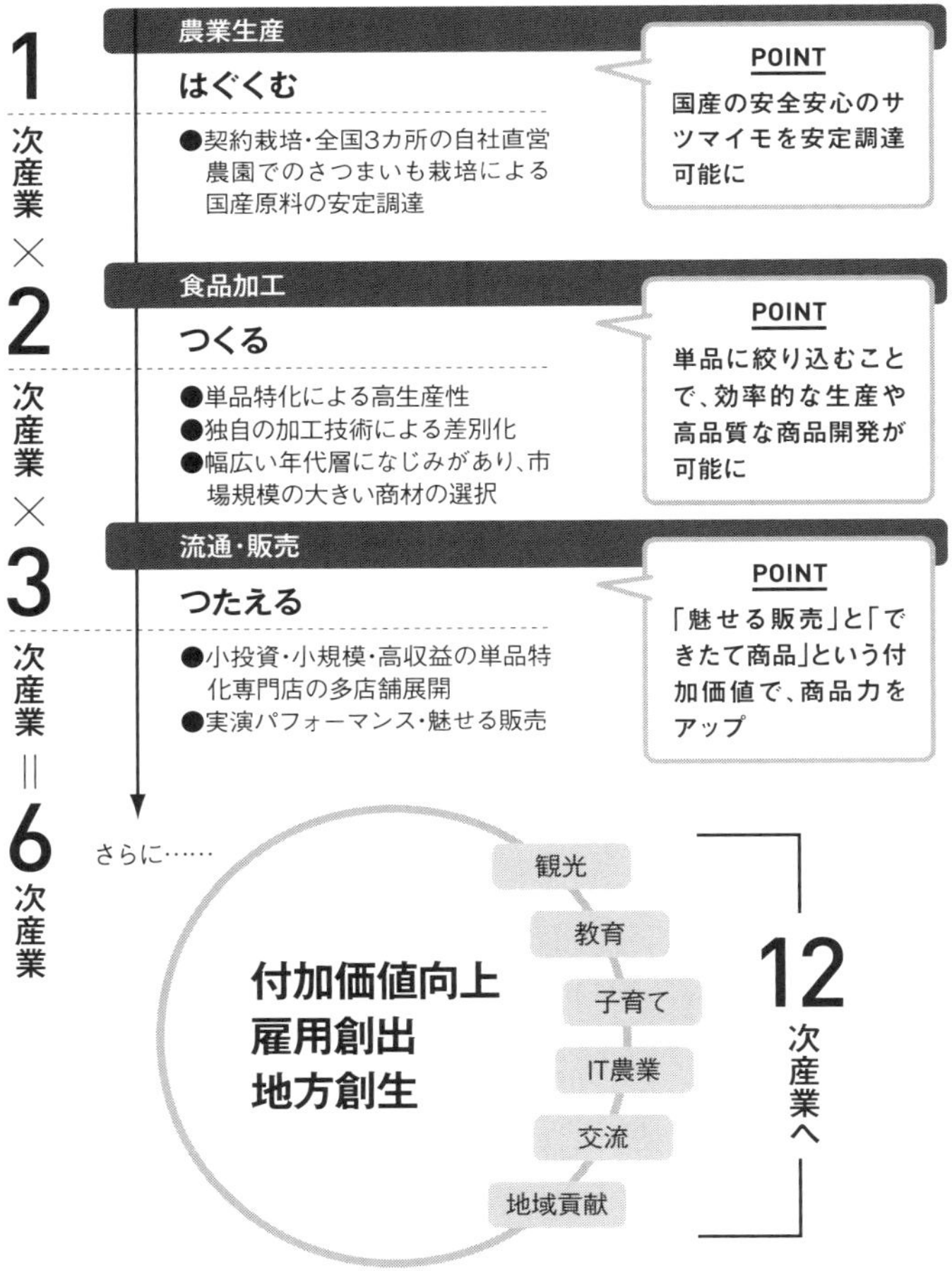

歩んできた道——世の中に、困った人に「役立つ」を貫く

白ハト食品工業は「危機こそチャンス」という逆張りの発想で発展を遂げてきた。その原点は、1947年に創業者・永尾勢一氏の手で開業された「白ハト商店」まで遡る。勢一氏は2代目社長の和俊氏の父で、現社長・俊一氏の祖父にあたる。

代々受け継がれる社名の「白ハト」には「白く清潔で安心できる食品を国民に届けたい」「戦争のない平和な時代が続きますように」との思いが込められていたという。

当時のメイン商材はアイスクリームで、オリジナル商品の開発に営業努力も伴い、1953年には大阪市内にある映画館の80%の売店で売られるまでになった。

現在の社名に変わったのは、1959年のこと。当時は「討て冬将軍」というスローガンを掲げ、冬場に売れにくいアイスクリームのもう1つの柱となる商品開発に取り組んでいた。

カステラ、シュークリーム、もち、せんべいと次々チャレンジを続けるなか、和俊氏の妻がおやつに食べていたさつまいもをヒントに、現在の主力商品の1つであるス

イートポテトを開発し、1970年に百貨店内へ出店。1973年には白ハト印の明石焼きもスタートし、いもたこなんきんの商売は順調に推移した。

しかし、いもは「ダサイ」「田舎臭い」とマイナスイメージがつきまとい、ファンづくりとともに社員もなかなか育たないことが、事業の進展を阻んでいた。

そこで和俊社長は、息子でありのちの3代目となる俊一氏に話をもちかけたところ、「働く人もお客さんも夢が持てるワクワクするような店にしたらいい。日本一といわれるブランドをいもたこなんきんで目指すべき」と提案され、俊一氏に事業を託した。俊一氏の最初の一手は、1985年道頓堀にオープンした白ハト食品工業初のたこ焼きブランド店「KUKURU」。まだ大学生でありながら店長も務めた俊一氏は当初、経営に大苦戦することになる。

人生初の挫折を味わい、「他店と同じではダメ」と気づいた俊一氏は、当時全盛だったディスコでの実演試食など世間の注目する仕掛けをどんどんつくることでマスコミがKUKURUに殺到し、日本中から顧客が集まるようになった。**「ダサイ」から「カッコいい」に**。ブランドと人材を作り出す企業へと大きく舵を切った瞬間だ。

KUKURU創業当時、道頓堀にはたこ焼きの屋台が2軒あっただけ。たこ焼きを道頓堀名物にしたいという思いで、「KUKURU」から「たこ焼き道頓堀くくる」のブランド名に1990年改名。それ以降、道頓堀くくるの躍進とともに道頓堀がたこ焼きの聖地へと変わっていった。

この成功をきっかけとして、ポテト部門も俊一氏に託されることとなった。

俊一氏は、さつまいものあか抜けないイメージを、おしゃれでかわいくてヘルシーなケーキとして買ってもらえるようアレンジし、それがさつまいも専門洋菓子店「おいもさんのお店らぽっぽ」の誕生へとつながっていく。

こうした俊一氏のイメージ戦略の裏では、父・和俊氏の手により生産ラインの開発・改良が進められていた。**ブランドづくりの俊一氏と、ものづくりの和俊氏による相乗効果**により、「くくる」と「らぽっぽ」は順調に店舗数を拡大。百貨店や大型商業施設を中心に新規出店し、当時珍しい、ターミナル駅店舗での実演販売店舗を展開。便利でスピーディーにヘルシーな商品を提供するビジネスモデルを定着させた。

さらなる飛躍の転機は、2008年の中国製ギョーザ中毒事件だ。事件の余波で中国産さつまいもの調達が難しくなり、競合他社が大学いもの原料難に苦しむなか、白ハト食品工業は国内農家から調達先を確保し人件費とコストの高い国内であえて国産さつまいも専用加工工場を2005年建設したため、生産が滞らなかった。

他方、生産ラインも改良を続け、飴落ちしない大学いもが全国のスーパーやコンビニエンスストアに並び、国内シェアは40%から80%に上昇し日本一となる。

俊一氏が代表取締役に就任した翌年の2011年、再び苦難の時を迎える。九州の霧島山新燃岳が噴火し、麓にあった宮崎工場に火山灰が降り積もり工場がストップして数千万円の損害を出したのだ。火山活動はおさまらず、新工場の候補地として九州とともにもう一つのさつまいも最大生産地茨城県を視察中に東日本大震災に被災。この時、東京事務所に状況を聞くと、自社の前には寒く冷たい夜風のなか真っ暗な道を遠くの家に向け歩いて帰宅する人の行列ができていた。

「こんな時だからこそ、温かい焼きいもを食べてもらおう」と俊一氏は考え、いったん閉めた店を開け焼きいもを手配りした。「これで、なんとか家に帰るまで頑張れる」「本当にありがたい」という言葉をもらい、人を元気にする魔法をいもたこなんきんは持っていると思い知らされたという。

その後、東北の被災地60カ所で焼きいもやたこ焼きを全職員でふるまったが、このプロセスで全員が自社の存在意義に気づき、俊一氏は**世の中に役立つ人材づくりを事**

業の最重要課題としようと強く心に決める。

被災地支援と並行して、さつまいもスイーツ事業の根幹であるさつまいも農家の高齢化を問題視し日本の農業を応援することも決め、２０１２年に農業生産法人株式会社しろはとファームを設立。震災で風評被害にあっている茨城県行方の土を使った「ソラマチファームらぽっぽおいも畑」を東京スカイツリーに作るなど、本格的にさつまいも農業の６次化による地方創生事業への進出を図る。

その事業をもっとも象徴するのは、２０１５年にオープンした農業体験型テーマパーク「らぽっぽなめがたファーマーズヴィレッジ」だ。「日本の農業をステキにしよう！」をスローガンに、行政や農協、地元農家を巻き込み、45億円をかけたこの大プロジェクトを決行。農業（1次）、加工（2次）、流通・販売（3次）を一気通貫で行う6次産業化を進化させた12次産業化（１０６～１０７ページ参照）の拠点を目指す事業となった。

これらの取り組みから、２０１７年に第56回「農林水産祭」多角化経営部門天皇杯を受賞するなど対外的にも評価を受けている。

収益性――ベーシックで親しみやすい商品展開が高効率、高収益に

同社が高い利益率を維持できている理由は、主力の「たこ焼き専門店」「さつまいもスイーツ専門店」「冷凍大学いもの製造卸業」の3本の事業がいずれも単品に特化し、ダントツナンバーワンのシェアを獲得できている点にある。

国内シェア80％を占める冷凍大学いも卸事業は、製造ラインの機械化を進めてきたことで生産性が非常に高く、たこ焼き専門店、さつまいもスイーツ専門店とも単品に特化した業態のため1店舗あたりの出店コストが低く、製造効率・販売効率は高いうえ、新入社員やアルバイト・パートの早期戦力化が可能と、これも収益性に貢献する。

そもそも、ベーシックで親しみやすい商品展開のため、高齢者から子どもまで幅広い需要があり、約10～15坪の1店舗で年商2億円超の販売高を出すことができるお店も存在する。さらに「実演パフォーマンス」と、たこ焼きソースやスイーツの香りといった「出来立て訴求」による集客・購買率の上昇、販売員の実演・接客スキルを社内で競い合いパフォーマンスレベル向上を図る「マイスター制度」設立なども、圧倒的な収益性を出しているポイントといえる。

持続的成長性――「将来最適」で考え、地域・地方との共生の理念に則る

持続的成長担保のため、国内の人口減少・高齢化に対し次の2つに取り組んでいる。

1　安心安全な原料の安定調達

2　新たな販路の開拓としての海外展開

1の障害には、高齢化・後継者不足による原料生産農家の減少や、気候変動・天災の影響で変動する収穫量の問題などがある。

対策として同社では、宮崎県・茨城県・福島県などの農家・JAと契約し、さつまいもを安定的に仕入れるルートを構築。また、「日本の農業をステキにしよう」のスローガンのもと、自社で農業に参入し「キツイ・汚い・危険・儲からない」イメージ払拭のため、ITを駆使した効率的大型農地の開墾などにリデザインしながら、新たな担い手を生み出すことを目指している。

さらに、先述したらぽっぽなめがたファーマーズヴィレッジを起点に、生産・加

工・販売の6次産業化に留まらず、IT農業・観光・地域貢献・子育て・交流・教育も含めた12次産業化に取り組んでいる。

IT活用による農業の生産性向上、観光入込客数の増大、子育て環境を整えるなど、**地域全体を活性化する地方創生に取り組み、日本の農業・農村を元気にしていくことで、自らの事業も持続化するよう事業をデザインしている。**

今後は、らぽっぽなめがたファーマーズヴィレッジに次いで「霧島おいも豚ファクトリーヴィレッジ」「福島おいもフルーツファーマーズヴィレッジ」「道頓堀たこ焼コナモンヴィレッジ」と日本の各地域で12次産業化に取り組んでいくことを社内で発表し、**次世代幹部社員の育成とモチベーションアップを仕掛けている。**

一方で、人口減少により将来的に日本の食品市場が萎んでいくことを見越し、中国・米国への出店など世界を視野にビジネスを展開するとともに、国内ではインバウンド対策や積極的な外国人人財の雇用に力を入れている。

このように、同社の持続的成長戦略は、現在最適ではなく「将来最適」で投資をする攻めの経営であり続けながら、地域の活性化・地方創生により日本の地方都市・産業を持続化することで自社も永続する、という共生の理念のもとに展開されている。

人材吸引力——若者の心に響く数々の工夫が功を奏す

採用については、「日本の農業をステキにしよう」というコンセプトを掲げていることから、若者を中心に訴求力が上がり、毎年3000~5000人の大学新卒の応募者が集まるなど、**業界では類を見ない応募件数を獲得している**。

採用後は、心の満足とつながる安心感が得られる社内SNS「ありがとうファーム」のほめる・ほめられるポイント制度、やりたい仕事でわくわく感をもたらす立候補ドラフト制度、能力より資質（何人に良い影響を与えられるか）重視の査定制度、全国店長会議や新人研修・海外研修など「感じてしみこむ研修制度」、本音・本気・本質で討議する「3Hミーティング」などを行っている。

離職率低下の取り組みとしては、役員メンター制度がある。これは新入社員に対して年齢の近い先輩社員に加え役員が担当につき、業務以外についても新入社員に寄り添い、サポートする取り組みだ。さらに、「出戻り社員制度」の導入もユニーク。これは、一度退職し白ハト食品工業を離れて他社に移籍しても、「やはり前職のほうが合う」と思う素直な心があれば出戻り面接を受けられる制度を指す。

顧客満足度――お客様は正しい・お客様はきびしい・お客様は温かい

同社は右にある考え方で、日々顧客満足を推進してきた。

ユーザーからのクレームに対しては「宝の山」ととらえ、クレームに誠実・丁寧に答えることがチャンスにつながることもあると全社的に浸透させることで、近年クレーム件数は如実に減少。

また、自分のことばかり考えるのではなくチームのため、最終的にはユーザーのために行動できる人を積極的に採用し、入社後も先述のように「能力より資質重視の査定」などで周りの人に良い影響を与える人財育成にも努めてきた。

その結果、接客について多数の意見が寄せられるようになった。

「大変ななかでも、あのような接客ができるのはすばらしいと思ったのでメールした」

「明石焼きの食べ方を丁寧に教えていただき、家族一同、非常に満足感でいっぱい!」

「お菓子のおいしさはもちろん、店員さんの接客がいつもすばらしいので、気持ち良く利用させてもらっています」

組織力──優れた職場環境が「社員間の関係性」を強くする

「日本一のヒトづくり企業」をコンセプトに、チャンスは平等、評価は公平をモットーとしている同社は、常に日本一を目指して次々と新しいプロジェクトが立ち上がっており、そのプロジェクトメンバーはすべて立候補制で進められている。

自らやりたいと手をあげた社員のみがそのチャンスをつかむことができ、「手をあげたからには本気で取り組む、空振り三振ＯＫ！　でも見逃し三振はＮＧ」が白ハト流である。

自ら考えた企画を実現させる、やりたいことが実現できる、そして若手もベテランも関係なくプロジェクトに携わることができ、大きく成長できる……そういった環境を整えている。

会社経営の最終事業目的は、売上や利益ではなく、その先にある「強く生き抜く、人財と組織（チーム）作り」で、その考えのもと自ら考えて動き、仲間を巻き込み、未来を創り出していける、キラキラ輝く人財を育てている。

ワクワク感を持って、やりたいスタッフにやりたい仕事をやってもらう。そうすることで、社内の各部署を巻き込み、かかわった全体が一体化していくという。ワクワクしながら立候補したスタッフの、やる気があり本気で取り組む姿勢によって、みんなが一丸となってその仕事を成功させようという気持ちになっているのだ。

白ハト食品工業の職場環境がいかに優れているかは、船井総合研究所が提供している組織力診断の直近の結果にも表れている。

同診断によると、特に高かったのは次の2つ。

・部署をまたいで協力しあう風土
・年齢や役職に関係なく、自分の意見を言える雰囲気

いずれも、「社員間の関係性」に関する項目が高い値となっていたことがわかる。

社会性——企業活動そのものが社会貢献

近年、同社の転機となった農業への注力はまさに社会貢献。**農家の高齢化という社会問題**に対し「らぽっぽなめがたファーマーズヴィレッジ」という形で貢献している。45億円を投資したこの施設は、都内や近県から茨城県行方市に**大勢の観光客を呼び込むだけでなく新たな雇用も生み出した**。施設の従業員250名のうち150名が地元採用。同社内でも都心から移住し茨城県民になったスタッフが50名ほどいる。

東日本大震災後、同施設のある地域も原発事故の風評被害を受けたが、**行方の農産物の安全性を伝え地元農家を元気づける**ため、JAなめがた（現JAなめがたしおさい）と協働で東京スカイツリーの商業施設に「ソラマチファームらぽっぽおいも畑」を開設。都心の子どもたちにさつまいもの苗植え・収穫体験の場を提供し喜ばれた。

行方に続き、原発事故の風評被害による悩みに苦しむ福島県楢葉町でも、30ヘクタールを超える農地でITを駆使した大規模さつまいも畑の栽培と収穫体験イベントを開催。いずれは楢葉町でもさつまいもと地元フルーツの農業体験ヴィレッジの開発ができればと夢に描いている。

この企業から学ぶこと

●まさに「社会の公器」を地で行くスゴさ

船井総合研究所と白ハト食品工業とのお付き合いは1996年からです。事業の拡大とともに数多くのテーマで、船井総研の各専門コンサルタントがお付き合いをさせていただきました。

未来を見越し将来最適で、次々に新しいチャレンジに取り組まれる白ハト食品工業ですが、その経営目標は単に自社の業績の拡大のために留まることなく、国家的な課題ともいえる、農業振興・地方創生に貢献をしていくことです。

実際、これからの日本の農業や食、そして地方のあるべき姿を、らぽっぽなめがたファーマーズヴィレッジでの取り組みを通じ体現されてきました。

理想論に留まることなく、農家も地域もお客様も喜び、事業としての永続性も有した、まさに**論語と算盤のバランスがとれた経営**をしておられます。その、企業としての魅力は、何よりもこの採用難の時代に毎年5000名という多くの学生が白ハト食品工業グループへの就職に関心を抱いているという事実が端的に示している、といえると思います。

執筆：地方創生支援部　グループマネージャー　横山　玫洙

Chapter

04

への集中投資により
の業態を生み出した
イノベーター

グレートカンパニー
アワード2018
ユニークビジネス
モデル賞

――温泉道場

人口減少などを原因として近年は右肩下がりになりつつある温浴業界で、従来にない発想のビジネスモデルにより圧倒的な利益率を実現し急成長。共用部分への集中投資による短期回収、従来のメイン顧客であるシニア層から若い世代へのターゲット転換、メディア活用による「おふろ café」などのブランディングなどの強みを生かし、創業から８年で全国７拠点まで拡大。

共有スペース
圧倒的利益率
温浴業界の

秀逸なポイント

浴場以外への集中投資による短期回収と
若年層という顧客ターゲットとアプローチの転換で
成熟業態を蘇らせるビジネスモデルを実現

□温浴業界で重視されてこなかった共用部分に投資

→　投資額が抑えられるため投資回収までが早い

□シニア層から若い世代へターゲットを変更

→　レジャー施設にお金を落とす層をメイン顧客にして高い収益性を実現

□メディアやSNSの活用でターゲットに情報発信

→　メディア露出頻度を上げてブランド化にも役立てる

企業プロフィール　株式会社 温泉道場

業務内容：温泉施設の事業再生・リノベーション、運営、地域資源の掘り起こし、事業化。バスを活用した観光旅行業務など
所在地：埼玉県比企郡ときがわ町　創業：2011年
代表者：山﨑寿樹
資本金：5000万円（グループ連結1億1000万円）
従業員数：264名（連結337名）　2019年4月時点

業界の姿①温浴業界の推移――社会要因等により年々縮小傾向に

温泉道場が属するのは、温浴業界と呼ばれる業界で、町の銭湯から様々な付帯施設のある健康ランドまで含めた「公衆浴場」を指す。

公衆浴場は、大きく2種に分けられる。

1　保健衛生上、必要なものとされ、物価統制令によって入浴料金が統制される「銭湯」や「老人福祉センターの浴場」など

2　保養・休養や福利厚生を目的とした「その他の公衆浴場」

温泉道場がカテゴライズされるのは2の「その他の公衆浴場」。主に銭湯以外を指す温浴施設だが、そこには様々な業態が含まれている。レジャー施設などを併設する健康ランドやヘルスセンター、健康ランドと銭湯の中間に位置づけられるスーパー銭湯のほか、スポーツ施設や工場などに併設された浴場、サウナ、エステの泥風呂、クアハウスまでここに入る。

１９７０年に公衆浴場の87％を占めていた銭湯は、**自家風呂の普及と後継者問題により２０１４年時点で16％台にまで減少**。現在は、その他の公衆浴場が圧倒的に大きな割合を占めている。全国の公衆浴場２万５１２１軒（２０１７年厚生労働省調べ）のうち、銭湯はわずか３７２９軒にすぎない。

公衆浴場数の推移や主なトピックスをまとめると次のようになる。

・１９８０年代にスーパー銭湯が誕生、健康ランドブーム到来
・１９９０年代、スーパー銭湯が開業ラッシュ
・２０００年代、スーパー銭湯のハ

温浴業界は右肩下がりで停滞

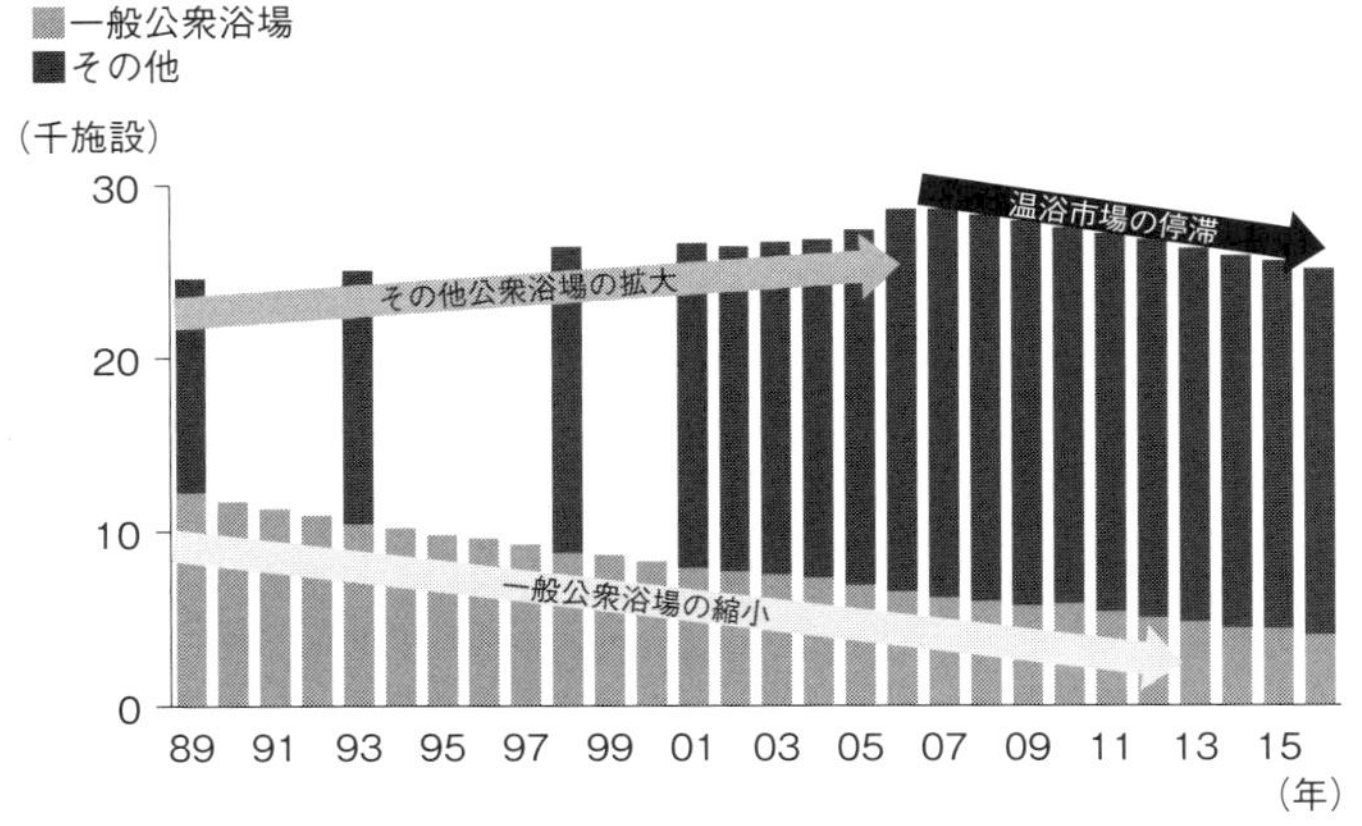

出所：厚生労働省「保健・衛生行政業務報告書」

イグレード化と同時に施設の統廃合が進む
・2007年、公衆浴場数が2万8792軒とピークを迎える
・2008年以降は減少に転じ、現在まで施設数が年々減少

119ページのグラフからもわかるように、公衆浴場数は近年、少しずつ減り続けている。そして温泉道場は、**伸び悩む温浴業界が、まさに下降線をたどり始めたその時期に創業している**のだ。

業界の姿② 業界の課題――脱シニアにより高収益を確保する

温浴業界は設備産業で、浴場を作るために多額の先行投資が必要になるものの、浴場を作ってしまえばあとはそれほど手をかけなくてもそれなりに収益があがる、シンプルなビジネスモデルだ。

ただしこれは、**一定以上の顧客に利用されてこその話**。近年は人口減少によって顧客が減り、十分な収益をあげられなくなったことから、業界全体で業績が右肩下がり

になっている。さらに、初期投資が大きいため簡単には移転できない、ひいては商圏が固定されるビジネスという意味でも人口減少の影響をもろに受けてしまっている。

もう1つ重要な側面は、**温浴施設のメイン客層がシニアだということ**。

シニア顧客は、日課のように通うため頻度は高いが、利用するのはほぼ入浴施設だけといっていい。温浴施設には、飲食やマッサージ系のサービス、物販など様々な付帯売上があるが、入浴のみの利用者が増えれば客単価は上がらず収益も確保しにくい。それでも、高齢化が進むことで顧客数が倍増すればビジネスは成り立つかもしれないが、実際は高齢になればなるほど移動がつらくなり、自宅から離れた温浴施設に行かなくなる。

言い換えれば、**客単価が上がりやすい若い世代が集まる場所、何度も足を運びたくなる空間創り**が、収益を確保するうえでは重要な要素になるということだ。

温浴業界の一般的なビジネスモデルに対し、温泉道場は、浴場以外のリノベーションに資金を集中、メインターゲットを若い世代やファミリーに絞る、などにより、伸び悩む温浴業界で創業7年目にして7拠点を展開。営業利益率は、業界平均2%に対し10%を達成。創業時3名だった社員数は、70名を超えるまでになった。

理念・ビジョン――「地域活性化」なくして温泉ビジネスは成り立たず

温泉道場が掲げる理念は

おふろから文化を発信する

これをもっともわかりやすく表した事業が、最初に手がけた物件の1つ「昭和レトロな温泉銭湯　玉川温泉」だろう。名前のとおり昭和レトロをコンセプトに昔懐かしい装飾品の数々を配置した、テーマパークのような造りになっている。

さらに同社では、ミッションとして次の3つを掲げている。

1　日帰り温泉のプロオペレーターとして温浴業界で新たな価値を創造する
2　日帰り温泉の運営を通じて地域社会との連携を行い、地域活性化に貢献する
3　日帰り温泉の運営を通じて温浴事業及び地域活性化に役立つような人材育成の場とする

1については、お風呂とカフェを融合した「おふろcafé」店舗群、キャンプ場と融合した「ビオリゾート ホテル&スパ オーパークおごせ」など、**従来にないコンセプトの施設**に反映されている。

2に関連した動きは、本社所在地の近隣エリアを巻き込んだ6次産業化を計画中なことがあげられる。農家や畜産農家などの1次産業から、それを加工する2次産業、加工した食品を販売する3次産業まで、**温泉道場がかかわって地域を活性化させていく**といった内容。

3について、代表取締役社長・山﨑寿樹氏は、温泉道場を創業したのも人材輩出できる会社を立ち上げることを志したからだ、と述べている。2019年初頭には「2025年までに5人の社長を輩出する」という経営ビジョンも公表している。

地域活性化というキーワードは、温浴ビジネスに携わった段階で決まっていた。一番の課題意識でもある**るリーダー育成、そのためには企業の成長は必要不可欠**となる。「温浴ビジネス」単体での成長には限界があり、またそもそも人口減少等に大いに影響を受けるビジネスだけでは早晩限界がくる。企業の成長のためには、地域が活性化し、多くの人が足を運ぶ場所となることは必要不可欠なこと。地域活性化がキーワードとなったことはもはや必然の流れだったといえる。

ビジネスモデル――異業種にも足しげく通い研究し、顧客志向に徹する

温泉道場がメインに行っているのは、既存の温浴施設をリノベーションして再生する事業。**既存の温浴施設を買い取る、運営を引き受ける形**なので、設計の検討が必要な新築物件よりも開業時期を早め、ひいては投資の回収時期を早めることができる。

さらに、**浴場以外のスペースに資金を集中したリノベーション**というのも、他社との差別化になっている。

通常、既存の温浴施設を改装する場合は、まず浴場を新しくすることを考えるのが温浴業界の常識になっている。入浴を主目的にする温浴施設で「お風呂の数や種類を増やしたい」というのは経営者として当然の心理だが、浴場の改装工事には大きな投資が必要で、回収するまで10年以上かかることも珍しくない。

投資回収に時間がかかればそれは、企業にとってのリスクとなる。

例えば、せっかく浴場を造り直して改装オープンしても、近くに似たようなコンセプトの競合が新規オープンして顧客を奪われた場合、投資分を回収し切っていないので、差別化のためにまた設備投資するのは難しい。

一方、温泉道場は、浴場や設備の豪華さではなく、**施設作りも含めた全体のコンセプト、そして共有スペースにおける居心地の良さにこだわる**ことで、他社との差別化を図っている。改装するのも浴場以外のスペースで、浴場の工事ほど投資は大きくないため、早ければ3、4年で投資回収でき、それ以降は利益が積み上がっていくばかり。たとえ競合が近くにできても再投資する体力があるので、すぐにリブランディングで対抗できる。

温泉道場のもう1つ秀逸なポイントは、**若い世代をメインターゲットとした点**だ。若い世代はおしゃれなカフェのスイーツに、納得して1000円でも支払う。そんな世代をターゲットに、カフェに行くよりもより価値が高く、1日中いることができる場所を作ることができれば、満足度を最大化しながら客単価を上げることができる。

例えば「おふろ café utatane」は、20、30代の女性がメインターゲット。若い女性を満足させるため、同社は環境作りを徹底した。適度におしゃれな施設内。共用スペースは本当にくつろげるレイアウトにこだわり照明や家具なども厳選。何度も足を運んでもらうためには、「どこにでもある家具」では不十分だからだ。さらに、充実したメニューをそろえたダイニングやエステスペース、宿泊施設なども併設している。

環境作りと並行して、メディア戦略にも力を入れた。環境を整えただけでは、新しいターゲットの若い女性にまで情報が届かないからだ。

そこで、SNSを含めたメディア戦略を進めた。地道な活動が実を結び、メインターゲットに情報が届くようになると、瞬く間に事業は軌道に乗り始めた。

さらに、施設内での「おふろ屋らしくない」各種イベントを定期的に開催することでメディアへの露出機会が増え、遠方の顧客、ひいては売上を伸ばしていった。

現在もメディアへの働きかけは続いているが、すでに他社が太刀打ちできないほど露出頻度は高く、「若い女性が行くおふろcafé」というイメージが定着した。

資金力がある競合ならおふろcaféと似た店舗は作れるだろう。しかし、**メディア戦略で確立したブランド力は決して模倣できない。**

おふろcaféが生まれた背景には、徹底した顧客志向がある。代表の山﨑寿樹氏はこれまでに数千もの温浴施設に足を運んできたが、ユニークなのは異業種にも足しげく通っていること。旅館やカフェ、レジャー施設など、様々な場所に実際に足を運ぶ。**そうやって現場を見て感じたことを、施設への長時間滞在、若年層へのアプローチに生かし、形となったものがおふろcaféであった。**

温泉道場のビジネスモデルはコンセプトの一貫性が肝

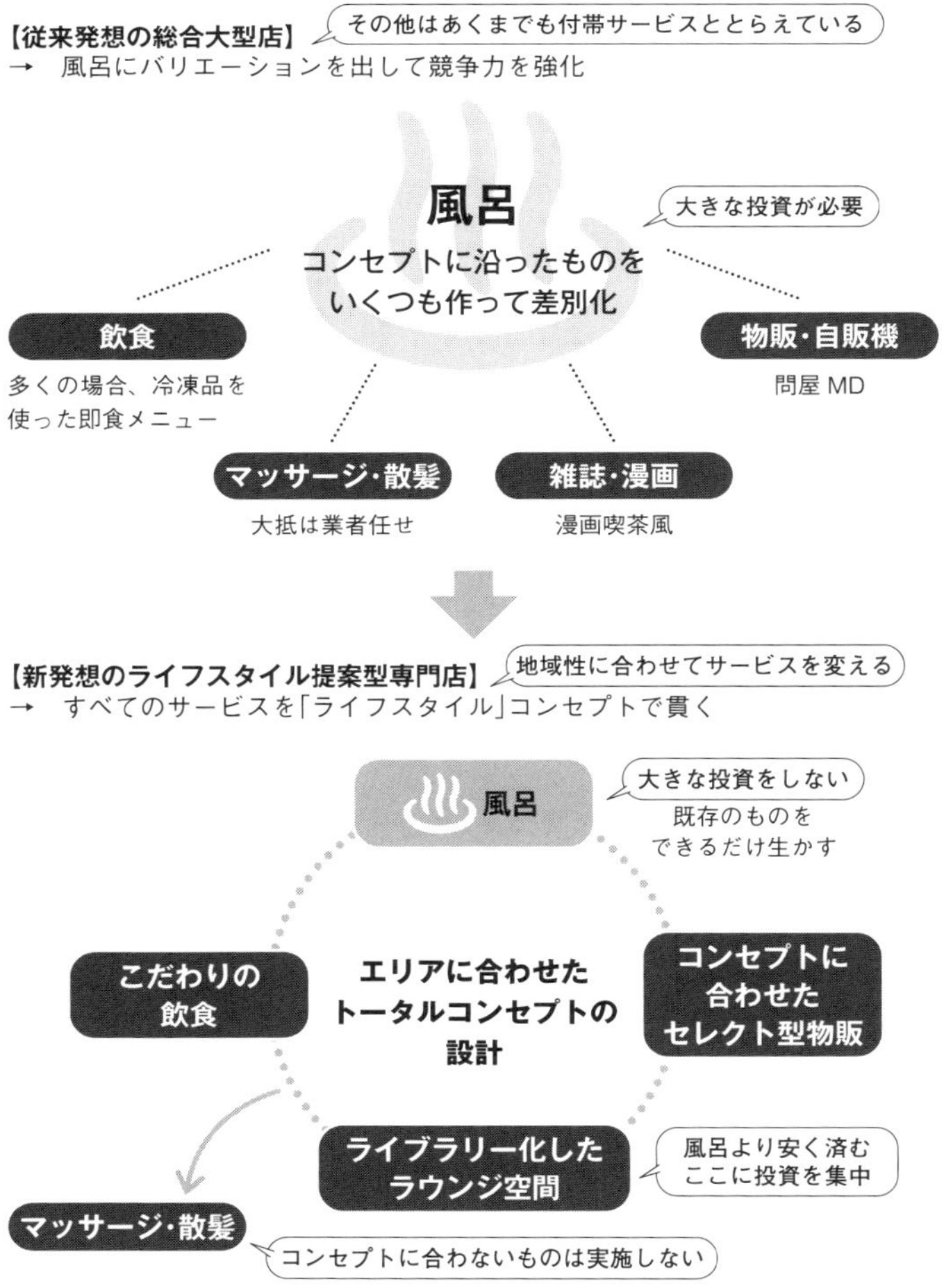

歩んできた道――ご縁からスタートするものの地道な努力が奏功する

代表取締役社長・山﨑寿樹氏は、同社創業の前、船井総合研究所で温浴施設のコンサルティングに携わっていた。もともとはＩＴ関連に手を出そうと思っていたが、温浴業界にかかわってきたこと、コンサルタント時代に付き合いのあった地元埼玉の温浴施設オーナーから**経営引き継ぎの打診を受けたことがきっかけで同業界での創業を果たす。**

創業は２０１１年３月９日。「玉川温泉」「白寿の湯」の２つを引き継ぐと、創業のわずか２日後に東日本大震災があり、「白寿の湯」で温泉が出なくなって２カ月間売上４割減、などの大きなハプニングに見舞われ、苦難のスタートを切ることとなる。この２店舗は、投資しないまま黒字化を実現。その後「玉川温泉」の成功を受けて温浴施設の再生案件が持ち込まれるようになる。

創業時から山﨑氏は、新しい業態やブランドを立ち上げたいと考えており、その第１号店となったのが２０１３年「おふろ café utatane」のオープンである。近隣に競合がひしめく激戦区で、「カフェとおふろの融合」という切り口で顧客を呼んだ。

その後、温浴業界の様々な店舗を見た結果「のんびりくつろげるスペースがない」と気づき、くつろげる共用スペースに力を入れることを思いついた。

当初はメインターゲットの若い世代に情報が届かず苦戦したが、各種イベントへの参加、大学に割引券を置かせてもらうなどのアプローチを試みながら、**既存施設と違ってのんびり1日すごせる空間という使い方提案**を動画やポスターでアピール。地道な活動により9カ月で黒字に転じ、2年半で投資回収という異例のスピードを実現する。

「utatane」の人気が話題を呼んで一気にメジャーになり、その後、2016年1月に京和風をテーマとした静岡のFC店「おふろcafé bijinyu」が、2016年9月にはグランピングをテーマにした「おふろcafé bivouac」がオープン。その1カ月後には「糀」をテーマに白寿の湯を「おふろcafé白寿の湯」としてリブランディング。

2017年には現代の芝居小屋をコンセプトとして大衆演劇をプラスした「四日市温泉　おふろcafé湯守座」をオープン、そして2019年にはFC店舗として、北海道芦別市の「芦別温泉スターライトホテル」、滋賀県大津市の「ニューびわこ健康サマーランド&ホテル」がおふろcaféとしてリニューアルオープン予定と、おふろcafé

の輪は全国に広まっている。

収益性——戦略にぶれがなく、顧客を創造することで高収益を実現

温泉道場の収益性の特徴は、店舗あたりの利益率が高いことにある。

温浴事業は、利用客が増えたからといってそれに連動して人件費や水道光熱費が上がることはない。収支ラインを越えればあとは、集客すればするほど、売上を上げれば上げるほど利益率がどんどん上がっていく構造だ。

言い換えれば、成長著しい温泉道場は、圧倒的に高い生産性を実現できているわけだが、その背景には、**高い収益を生み出す共用部分への資金集中があると考えられる。**

次に、温泉道場が営む事業単位で収益性を見てみる。

手がける事業は年々幅広くなり、なかには温浴業界と違った分野にも進出しているが、収益をあげているコア事業は、直営する温浴施設の運営と、フランチャイズ（FC）事業の２本柱だ。

ＦＣについては、開業支援や販売促進支援などのサポートを提供する代わりに、加盟店から加入金とロイヤルティを受け取るという形なので、加盟店を増やすほど収益はアップしていくことになる。

メディア露出の多い「おふろcafé」のブランド力によってＦＣの申し込み件数は増えているものの、単なる名義貸しではなく、**きちんと業績を伸ばせる計算が立つ店舗のプロデュースでなければ受けないというスタンスをとっている。**

もう一方の直営店運営については、収益として重要になっているのが、ターゲット顧客をシニア以外に設定したことだ。

長期滞在型の娯楽施設という視点から、「長時間滞在するうちに飲食やお土産物などでお金を落とすから収益性が高いのだろう」と考えるかもしれない。たしかに、長時間滞在するなかで消費活動が生まれるのは間違いないが、もっと重要な視点は**お金を落とす顧客を呼ぶことができている**点にある。

シニア世代は5時間、６時間滞在してもあまりお金を使わないが、都心のカフェに行くような顧客層なら、丸１日満喫できるレジャー施設で数千円を使うことに抵抗はないだろう。そうした顧客に来てもらえていることが、温泉道場の成功のカギだ。

顧客ターゲットが違うため、近隣の競合とバッティングしないのも利点。近場の競合から高齢者顧客のシェアを奪うという発想ではなく、カフェや百貨店に行くような顧客層を新たに付加するイメージで顧客数を増やし、業績を伸ばしている。

持続的成長性——経営戦略と戦略人事との両輪で将来を見据える

温泉道場では、現状でうまくいっている業態だからといってそのまま横展開するということはしていない。

以下は、その典型的な例だ。

・2016年にオープンした「おふろcafé　bivouac」
↓2019年5月に一部スペースを大幅リニューアルしフィットネス事業を付加

・温浴施設、バーベキュー施設、フィットネスなど、様々な機能を持つ「ゆうパークおごせ」
↓グランピングキャビンやフロートテントなどを新たに付加し2019年8月

に「ビオリゾート ホテル&スパ オーパークおごせ」としてリブランド

現状に留まらないこうした姿勢からは、企業として持続的成長を実現するための投資戦略が垣間見える。

早期に投資回収を果たした「おふろcafé utatane」をはじめ、高い生産性を実現する各店舗で生み出した利益は、単に同じ店舗の出店のために使われることはない。収益は、先に述べたような新たな収益の柱となりえる事業への投資に回される。この「A店の収益 → 新規事業への投資」というサイクルを回し続けることで、一か八かの投資ではなく、成功確率の高い新たな業種・業態への参入、ビジネス付加の実現が可能となる。

すでに2025年までの経営戦略は固まっており、温浴事業だけではなく、6次産業化を意識したM&Aやビジネス構想も進めているところだ。

人材吸引力——志が高いリーダー希望者が集まり離職率も低い

持続的成長を実現するためには、**人材も欠かすことのできない要素になる。**

これまで温泉道場は、経営戦略に則った事業展開で順調に成長を果たしてきたが、2019年には経営戦略との両輪ともいえる戦略人事プロジェクトを立ち上げ、人材活用の抜本的な見直しをスタート。

今後、さらなる飛躍が期待できそうだ。

もともと温泉道場を「道場」と名付けたのは起業家を輩出したいという思いからだったという。社名そのものが企業のコンセプトを明確に表しており、それは採用面でも良い影響を及ぼしている。**起業したい、という志を持った人材が集まってくる効果をもたらしている**のだ。

実際、同社出身の社長第一号（宮本昌樹氏）が2019年4月に誕生した。同社を理解するためにも、社長になるまでの経緯を紹介しておく。

宮本氏は大学を卒業後に都内でベンチャー企業を3年経験したのち、経営者になることを志して温泉道場に入社している。

入社当初は店舗の支配人を担当し「自店舗のP／Lをすべて見ることもでき、経営者の感覚を磨くことができた」と話す。業務内容は幅広く、接客や店頭サービス、スタッフ採用、イベント企画など、様々なことを経験した。温泉道場には失敗から学ぶ文化があるので、経営者を疑似体験・チャレンジできたことはかなり大きかったそうだ。

入社3年目からは店舗開発やコンサルティングに携わり、視野を広げていく。また、社長にチャレンジしたいことを山﨑社長に伝えたのもこの時期だった。

4年目には投資先の調査（デューデリジェンス）やM&Aに同行しさらに視野を広げ、入社5年目に、M&Aで獲得した子会社の社長業を務めることが決定。先述の日程で晴れて一企業の社長となった。

起業するにはリーダーシップの在り方が重要なため、同社では**なるべく決裁権を現場に持たせて経験値を上げている**。ただ、それが重いというメンバーもいるので、それぞれに合わせた形で山﨑社長自らプロデュースしている。

育成においても様々な取り組みを行っている。例えば、年3回ほど、バスに乗って飲食店や観光地などを訪れ、現地の経営者や店舗スタッフに話を聞く「バスツアー」は、社長の山﨑氏自らがガイドを務める熱の入れようだ。

合宿形式の「夢会議」では、会社の中期計画に盛り込む事業について、プレゼン形式でスタッフに案を出してもらう。山﨑社長以外にも出資権限を持つ人が出席するため、良いプランならまとまった資金が集まるという実践的な形を取っている。

マーケティングや店舗設計などを学ぶ「温泉道場ゼミ」は月1回、任意のメンバーを集めて開催。その他にも、山﨑社長の考えを全体に浸透させるための社内報の発行、感謝祭という名目でバーベキュー大会とクリスマス会を2回程度開催し、**経営陣がスタッフをおもてなしして感謝を伝える機会を設けたり**もしている。

制度的な特徴としては、「湯治休暇」を年3日で設定。連続3日間取得し県外ですごせば、会社から旅行費の補助として上限3万円支給される。見識を広げることを目的としており、国内だけでなく海外に行くスタッフも少なくない。

また、実験的に、1カ月休暇もスタート。文字どおり1カ月丸々休める制度だが、3名のスタッフで実施したところ、かなりリフレッシュして戻ってきたことから効果が目に見えて現れたという。

このように、スタッフがレベルアップする機会やリフレッシュ、他の施設やサービスを体験する機会を多く作っている同社は、**従業員満足度への意識が非常に高いといえる**。実際にその効果は出ており、創業時社員3名から70名以上に増員しているが、従業員の離職率は低く抑えられている。

顧客満足度──スタッフの接客でさらにお客様を魅了する

アンケートで集めた顧客の声を分類すると、ハード面とソフト面に分けられる。ハード面では「**ダラダラと1日中すごせて良い**」という声が多いが、これは設備が充実しているというだけでなく、リラックスできる環境になっていることも大きい。例えば、照明は場所によって照度を最適なものに変えたり、チェアでくつろぐ人と通路を通る人との目線が合わないよう計算して家具を配置したりと、同社ではリラックスできる空間作りに徹底してこだわっている。類似施設を作って後追いする競合はあるが、こうした細かな配慮が大きな差別化になっている。

ソフト面では、**独自のイベントをどんどん企画しリピーターを飽きさせない**、というのも満足度アップに貢献しており、そうした顧客の声も多い。

しかし、顧客を満足させている要因のトップは、実はスタッフの接客だ。「フロントの方の笑顔がすてき」「はきはき明るくて元気が出る」などのほか、「〇〇さんの接客が丁寧」とスタッフ個人を評価するユーザーも少なくない。これも、122〜123ページで紹介した企業理念がスタッフにまで浸透している証だろう。

組織力——マルチタスクで助け合う社風が足腰をつくる

スタッフはほぼ全員店舗に所属する一方で、プロジェクト制もとっており、立候補したスタッフは店舗の垣根を越えてチームを組み、プロジェクトを遂行している。だいたい春・秋はプロジェクトが多くなり、横での連携も増える。同社は多拠点に分かれているが、その時期はプロジェクトによりスタッフ間の接点が増加する。そのため、**遠い店舗同士でも面識ができ、コミュニケーションが密にとれる仕組みになっている。**

一人ひとりの業務の幅は広く、組織として補い合う形となっている。

例えば、総務のメンバーが、本社に併設されている宿泊施設でベッドメイクを行うことがある。チェックアウト時間である12時になったとたんに客室へ駆けつけ、2時間で作業を終えて、またデスクで通常業務に戻る。こういう光景は日常だ。

こうした**マルチタスクはスタッフの高収益につながっている**が、マルチタスクで助け合う社風ができていることのほうが重要なポイントだろう。「今後も、間接部門も稼ぐというスタンスは続けていきたい」と山﨑社長は話す。

社会性——競合店をも巻き込んで横つながりで地域を活性化する

経営ビジョンとして2025年までに社長5人を輩出することを掲げているが、同社で経営者教育に力を入れているのは、地域に生業を生み出せるリーダーを育てることが目的で、最終的には、地域活性化のためである。

山﨑社長は、自身がローカルで起業した経験から、地方には仕事を作る人が必要だと強く感じたという。「3名で起業し8年で70名（パートスタッフも含めると330名）まで雇用を生み出せたのだから、そういう人財に地域で活躍してもらいたい」と願っている。

企業の活動そのものも、地域活性化への貢献を目標としている。

超ローカル企業を目指す同社は、本社所在地・埼玉の人たちを巻き込んで1次産業、2次産業、3次産業までブランド化し地域活性化につなげたいと考えている。

実際、「玉川温泉」、「ときたまひみつきちCOMORIVER」のある比企郡ときがわ町近辺には、同社の系列ではないものの、行列のできる豆腐屋やユニークなカフェもある。玉川温泉に足を運ぶ顧客が周辺の商店・飲食店に足を運び、「ときたまひみつきちCOMORIVER」に宿泊して1日をときがわ町ですごす。まさに地域で一体となり1つの経済圏を生み出す。そういう形で理想とした経営に取り組む、それが温泉道場の目指す経営なのだ。

この企業から学ぶこと

●顧客視線での価値の最大化を徹底することのすごさ

経営的な観点からみると、設備産業でありながらこれだけの短期投資回収を実現できていることが何よりも温泉道場の優れた点であるといえます。

それを実現しているのが「超」がつくほどメリハリの効いた投資。

リニューアルで「手をかけない」場所を作ることは、言葉にするのは簡単ですが、なかなかできることではありません。それを顧客目線で捉えて必要な箇所の価値を最大化するという、極めてシンプルなことをやり切っているというのが、特筆すべきポイントなのです。

同社の代名詞でもある「おふろcafé」においては、前述のとおり「お風呂にカフェ」ではなく「カフェにお風呂が付いている」という発想でブランディングされています。この主従関係の逆転は大きな違いを生み出しています。

一番の違いはターゲット。従来のように高齢者ではなく、おしゃれなカフェに足を運ぶ女性をターゲットとすれば、自ずとコンセプトから施設作りや販促設計まですべて連動して変わり、出来上がるビジネスモデルは大きく異なってくるのです。

さらに、細部へのこだわりも、他社との差を作る要因になっています。施設作りにおいても、導線、照度、家具など、一つひとつが「長時間滞在」実現のために細かく設計されています。

販促においても、単にフェイスブックやインスタグラムを活用するというわけではありません。そこに使用する写真1枚、企画1つにも、より素敵に見え、より面白く、より拡散しやすいものが展開されています。

こうした、様々な取り組みを支えるのは、何といっても人材の力。そしてその人材を育てるための取り組みも様々な角度から実施されています。

リーダーとしての力を身に付けるための研修やチャレンジ制度、そしてチャレンジを実現しやすくするための会社の風土づくり。まさに、「道場」としての企業の体制整備が意識されており、その人材の力に支えられて成長が実現されているのです。

執筆：ライフスタイル支援部　部長　前田　亮

Chapter

05

グレートカンパニー
アワード 2015
ユニークビジネス
モデル賞

運ぶ」の発想と効率化でインフラを目指す

――富士運輸

価格競争が激しく非効率になりがちな大型トラックの長距離輸送という事業にあえて特化。早期売却を前提とした最新の大型トラックを一括購入して原価を抑えつつその機動力を背景に様々な輸送コストの低減を行い、IT 管理によって空車率を激減させた結果、グループのトラック保有台数約 1500 台、全国に 60 カ所の拠点を持つ近畿最大の運送会社へと昇り詰める。

「在庫車両が IT 導入による 国内長距離輸送

秀逸なポイント

短期サイクルの車両売買と輸送の「見える化」で 輸送ビジネスの新たな可能性を切り拓く

□敬遠される大型・長距離に特化

→　競合が少ない分野で圧倒的ナンバーワンを獲得

□新車の大量一括購入と短期での売却サイクルを構築

→　車両取得原価を抑え、価値があるうちに中古車として売却することにより安定的に収益を確保

□全車 GPS 装備により輸送中のトラック位置を公開

□メールによる空車状況公開で空車率を劇的に低減

→　拠点を増やすことでビジネスチャンスをアップ

企業プロフィール　富士運輸 株式会社

業務内容：運送業、貨物取扱業、新車トラック・中古トラックの販売
所在地：奈良県奈良市
創業：1978 年
代表者：松岡弘晃
資本金：3000 万円
従業員数：約 1520 名（グループ全体は 1800 名）2019 年 6 月時点

業界の姿①事業者数推移、業界の構成——「大型・長距離輸送」にあえて特化

日本の物流を支えるトラック運送業。その営業収入は全国で約14兆5千億円（2015年度国土交通省調べ）で物流業界全体の6割以上を占め、実際の輸送量も、トンベース（輸送した貨物の単純な総重量）では国内全体の9割以上を担っている。

富士運輸が属する巨大なトラック運送業界は、1990年・2003年と二度の規制緩和により新規参入する事業者が増加。その数は6万2000社あまりで従業員数は約188万人（2015年度国土交通省調べ）、貨物車の国内登録台数は1400万台（自動車検査登録情報協会データ・2018年）を超える。

しかし近年は、業者間の競争激化や国土交通省の事業許可基準厳格化などによって増加傾向に歯止めがかかり、さらに少子高齢化に伴い全体の物流量が減少した影響で、**業績が悪化し廃業する企業が新規参入数を大きく上回るようになってきている。**

廃業する事業者のほとんどは、従業員数もトラック保有台数も少ない中小零細企業だが、そもそもトラック運送業界の99%は資本金3億円以下、または従業員数300人以下の中小企業である。

トラック運送業界の中小零細企業は、規模が小さいほど大型車両で長距離輸送という事業を営む傾向が強い。というのも、小さいトラックで行う業務の多くはコンビニ配送や納品時に家電や家具の組み立てサービス等を伴う複雑なクライアント側の細かなルールがあり、**従業員を教育する時間と体力が必要となる**からだ。

ただ、大型車両による長距離輸送は価格競争になりがちで、仕事を受けようと思えば競合よりも安く引き受けることになり、利益率が非常に低くなってしまう。

さらに、長距離運行では企業の管理の目が行き届かず、ドライバーのコンプライアンスが守られにくくなるという問題も見すごせない。

こうした理由から、**うまみが少なくリスクが高いと業界内で敬遠されがちだった「大型・長距離輸送」に、富士運輸はあえて特化**し、独自の方法論で見事に成功を収めた。

顧客ニーズに迅速に対応するトラック大量保有（153ページ参照）や国内に広がる多数の拠点ネットワーク（169ページ参照）を背景に、価格競争による利益率低下やドライバーのコンプライアンスといった問題を解決し、うまみが少ないと敬遠され競合が多い市場で屈指の運送会社となったのだ。

業界の姿②業界の課題――時流に反して、順調に採用数を伸ばす

トラック運送業界には、「車両不足」と「人手不足」という課題が常に付きまとう。

まず車両不足だが、貨物車の保有台数推移（自動車検査登録情報協会データより）を見ると1992年の約2114万台をピークに、2000年では約1842万台、2010年には約1553万台、そして2018年では約1438万台まで減少した。

さらに深刻なのは人手不足、ドライバー不足で、人数そのものというよりは**平均年齢が上がっていることに問題がある**。

次ページに記載した年齢構成比のグラフからわかるように、10～30代が激減した代わりに、40代と60代が年々増え続けている。少子高齢化の影響もあるが、近年はワークライフバランスを重視する**若い世代が**、長時間労働になりがちなトラック運送業界、特に**長距離輸送を敬遠している**ことが大きな要因になっていると考えられる。

実際、厚生労働省の統計（2017年6月）によれば、トラック運送業を中心とした道路貨物運送業（男子）の賃金水準は31万133円と全産業（男子）の平均35万7774円よりも低く、逆にトラックドライバー（男子）の総労働時間は全産業（男子）平均1

68・0時間に対して204・6時間と長時間になっている。

人手不足解消のため、大手運送事業者では、事業がうまくいっていない中小零細企業を吸収合併する動きが活発化。**「新規参入企業の増加」の時代から「大手への人員集中」時代へ**とゆるやかな業界再編が進んでいるのが現状で、今後まだまだその動きは続き、最終的には現在の6万2000社から半分程度まで減っていくといわれている。

そんな時流のなか富士運輸では、ホームページやSNSの活用による企業PRや、IT活用による空車率低減と効率化による充実の賃金制度などにより、順調に採用数を伸ばしている。

道路貨物運送業 年齢階級別就業者構成比

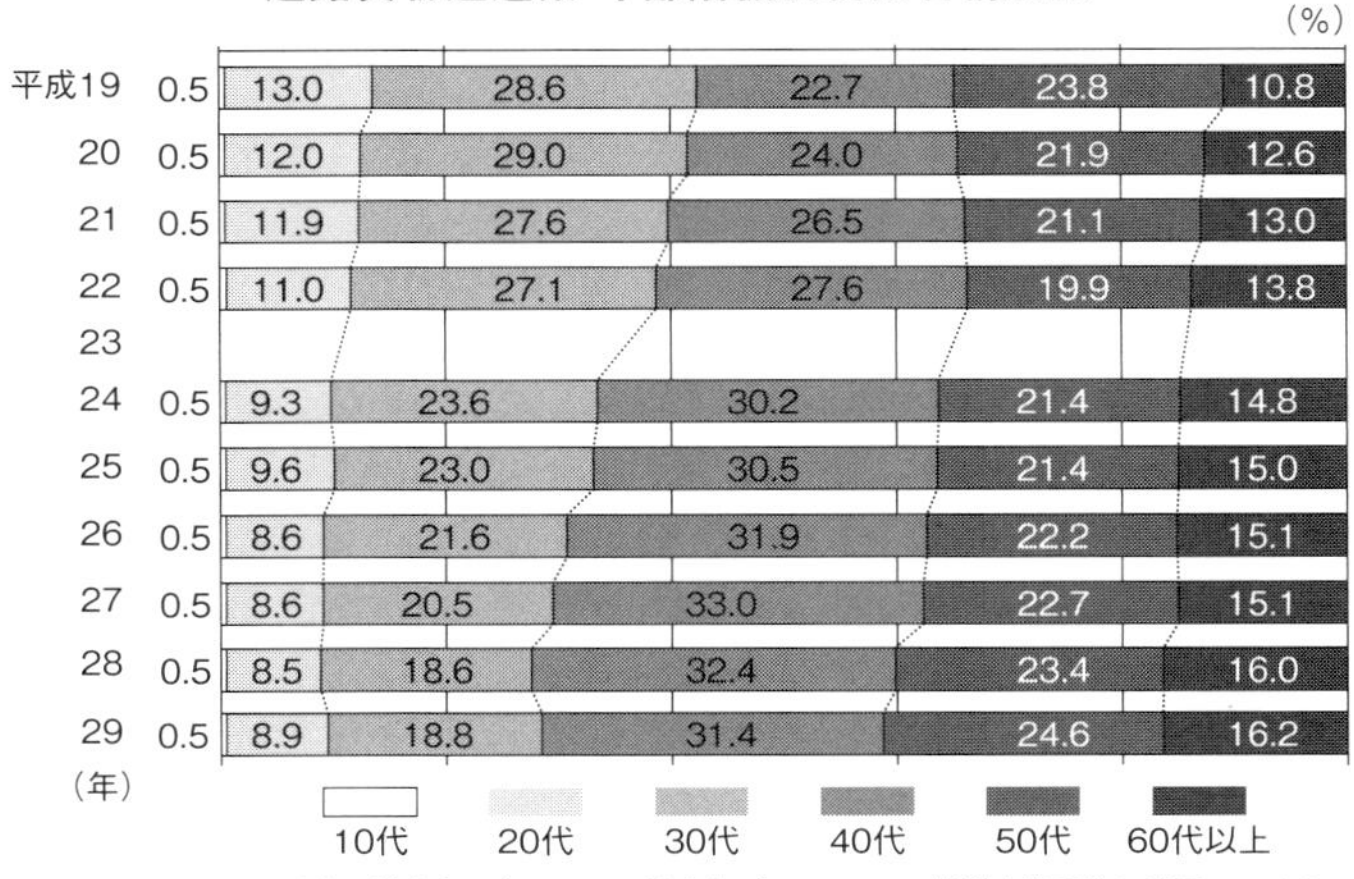

※公益社団法人全日本トラック協会「日本のトラック輸送産業現状と課題2018」より

理念・ビジョン――運送業界にイノベーションを起こす

富士運輸では、次のビジョンを掲げている。

1　2022年には大型トラック2000台、2030年には3000台にします。
2　常に新規開拓を行う。
3　お客様より従業員を大切にしています。
4　関係法令を守って運行する。

1のトラックを増やしていく点については業界内でも夢を感じる人が多く、人材吸引力につながっていると考えられる。

特徴的なのは、3の**「お客様より従業員を大切に」**を明確に打ち出している点だろう。従業員ファーストの姿勢は、使用するトラックを見てもわかる。

全車両にエアバッグを装備、ABS（アンチロック・ブレーキ・システム）も4トン車を含めたトラック全車に装着。衝突被害軽減ブレーキを1300台以上に装着完了し、2

020年までに長距離を走る大型トラックのすべてが装着車両になる予定だ。

同社の中枢では、24時間の運行管理を実施。常に運行管理者が安全な運行のサポートを行う体制を整えている。

また、効率的に荷物が積み下ろせるカゴ台車などの運搬用資材を投入することで、作業を行う乗務員の労働時間短縮や省力化、作業中の労働災害防止に努めている。

4つのビジョン以外にも、富士運輸という会社がこだわっていることがある。それは、運送業界にイノベーションを起こすということだ。

例えば、航空業界のLCCのように**「やらないこと」をしっかり決めている点**。

LCCは、航空機の機種を絞り込み、サービスを絞り、路線を絞り、整備の効率を上げることでコスト、ひいては運賃を下げて競争力を高めている。

富士運輸では、**大型トラックに絞り込み、運ぶ荷物の種類を絞り込み、整備工場に十分な投資をして整備力を上げる**ことで業務を効率化し、顧客に貢献している。

通常、大型トラックの長距離輸送という業態では顧客側の立場が圧倒的に強いが、富士運輸は「やらないこと」を決めることにより、富士運輸側で顧客を選んでいる。これは従来この業界になかった画期的な出来事だ。

ビジネスモデル——4つのストロングポイントで他社、顧客に優位に立つ

富士運輸は、「長距離の大型トラックによる運送」に特化したビジネスを行っていると先述した。個人宅の引っ越し、スーパーやコンビニの店舗配送などはせず、現在ネット通販の拡大で需要が高まっている宅配便のような小口配送にも広げる予定はない。企業規模が拡大してくると始めがちな倉庫ビジネスや海外展開もしない。

本業に徹しながら全国に拠点を広げ、ゆくゆくは国内最大の都市間輸送ネットワークインフラ企業になることを目標としている。

長距離の大型トラックによる運送という枠のなかで富士運輸が突出しているポイントの1つは、**顧客の要求にすぐ応じられるトラックが用意できる**ことだ。

大型トラックが一度に複数台必要な大口荷物を顧客が運送業者にオーダーするような場合、その準備には時間がかかる。

運ぶ荷物の内容と運賃が決まる
↓積み荷に合わせてトラックを自動車メーカーに発注

↓トラックが納車されてはじめて輸送が可能になる

こういう段取りになるのが一般的。

一方、富士運輸は、車両一括購入によって取得原価を下げるだけでなく、いつでも動かせるトラックを常に何十台も用意している。保有する車両の多くは特定の荷物に合わせたものではなく、様々な荷物が運べる汎用性の高いモデルなため、たとえやむを得ず運行が終了した場合も、運ぶ荷物を選ばないのですぐ別の仕事に回せる。

さらに、6つの用途に対応する独自開発の「スーパーマルチトラック」のような、様々な貨物に対応可能なマルチ対応が可能なトラックを増やしており、いつでも顧客ニーズを満たす準備を整えている。

1日でも早く荷物を運びたい荷主としては、すぐに運んでもらえる富士運輸に頼みたくなるのは当然だろう。**突然の輸送依頼に対しても「今日からでも運べる」という強みは大きく、それは同社の発言力にも影響してくる。**

例えば、大型トラック20台分の荷物を運びたい場合、荷主はリスクを分散するため「5台分はA社、10台分はB社、残り5台分はC社」と割り振るものだが、「すぐに稼働できるので20台全部当社に運ばせてもらえませんか？」と交渉できる。

また、その**車両が最新型ばかりというのも優れたポイント。現在のトラックは最新型であればあるほど安全性が高くなる**からだ。

これを可能にしているのは、一般的な運送会社の約半分の期間でトラックを入れ替えてしまう仕組みにある。いわば、「販売用のトラックが荷物を運んでいる」というユニークな発想で、**車両価値が高いうちに同業他社やトラック専門のオークションで中古車として売却**し、また大量に新車を一括購入する、というサイクルを繰り返すことで成り立っている。

もう1つ特筆すべきポイントは、**IT活用によって自社のトラックの空車率を30%から14%にまで激減させた**ことである。

営業用トラックの平均積載効率を調べた国土交通省データによると、全国平均は1993年の54%から、2016年では40%にまで下がっていると報告されている。つまり、60%が空いた状態でトラックが走っているということになる。

厳密には「積載効率の逆＝空車率」とはならないが、平均60%が無駄になっているところを、富士運輸では14%に抑えられている点は驚異的といっていい。

富士運輸は優位性を複合的に築いているのが特徴

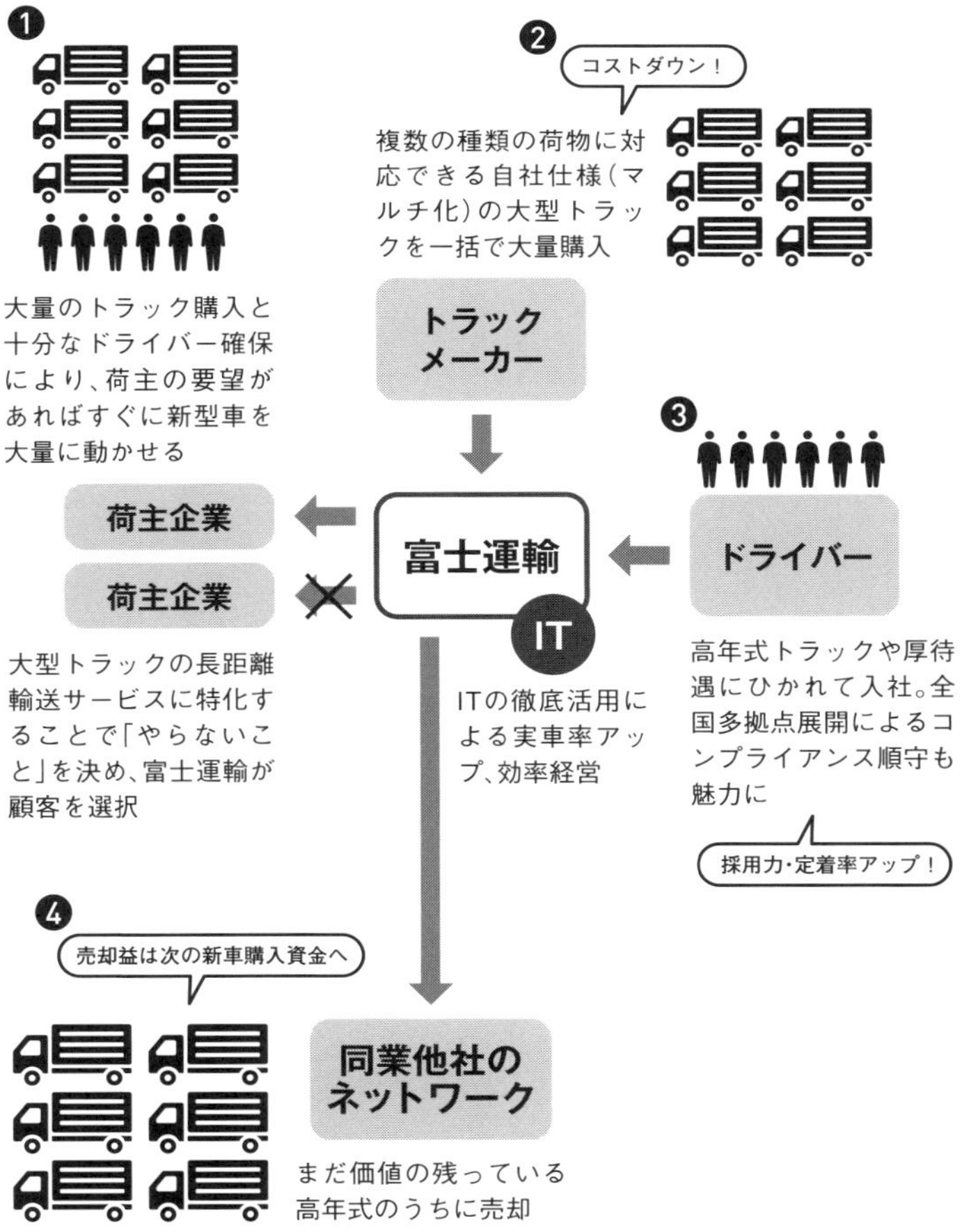

歩んできた道——社内外の困難を乗り越えることで強みに変える

富士運輸の開業は1978年で、初代代表である松岡日出夫氏が2トントラック5台でスタートした。当時の主な業務は、大手運送業者からの集荷集配の委託だったが、1985年には**集荷集配から撤退し、チャーター輸送や幹線輸送へとシフトする。**

1997年に現在の代表である松岡弘晃氏が入職し、専務に就任する。弘晃氏は、将来、義父である日出夫氏から会社を引き継ぐことを想定して、専門学校卒業後は三菱ふそうに入社している。社会人1年目は自身の希望によりトラックの整備部門に勤務。その後、トラック販売の営業マンとして能力を発揮していたが、同社社内で問題が起きたため日出夫氏から急きょ呼び戻された。

その問題とは、組合問題。長距離輸送のドライバーが待遇に不満を募らせ、1996年に従業員30名のうち24名が自交総連という労組に加入した。そこで、会社を立て直すために弘晃氏が呼ばれ、富士運輸に入社することとなった。

入社後は組合との労働紛争や4件の労働裁判の対応をし、4年間の係争ののちにその紛争を収めたのだ。

組合問題は長引いたため、2000年にリスクヘッジとして名古屋に2つ目の拠点を設立するが、同年12月に組合と和解して実質的に労使紛争は終結。最大の逆境を乗り越えた瞬間だった。

弘晃氏が社長に就任したのは2001年で、**この前後から同社はIT強化を図るようになる。**

1999年に自社ホームページ立ち上げや日本ローカルネットワークシステム加入、さらに2003年にはトラック全車にデジタルタコメーターを装備して運送管理を行う。この運送管理システムは、のちに業界初となる「GPSによる全車両管理システム」へとつながっていく。

同社が大型トラックによる長距離輸送に特化し始めたのは、弘晃氏が入社した年の1997年頃からだ。様々な調査の結果、データ的に業績好調な大企業が多かったこと、トラックの回転率が良いこと、奈良県内での競合が少ないことなどの理由から、広島県にある西部運輸グループをモデルに大型トラックによる長距離輸送に絞り込んだ。

1998年以降は、「これからは航空貨物が増加する」と見込んで空港拠点を増やす意識を持ちつつ猛烈な営業活動を開始し、2001年には関西空港営業所、200

3年には成田営業所を立ち上げた。

短期サイクルのトラック売買事業については、もともと「トラックを持っているものが勝つ」という思想を持っていた弘晃氏だけに、専務時代から中古トラックを積極的に購入していた。

その後、2005年ごろから新車を買い始め、それがきっかけとなって現在の短期売買サイクルへと発展した。

組合闘争以外は順風満帆に見える同社だが、実際には相当な困難があった。

1つは、弘晃氏が専務時代、なかなか努力が実らなかったのは営業。関西から東京に出ての営業では、慣れない土地ということもあって特に苦労したという。毎月1週間ほど泊まり込んで**日々10〜20件の飛び込み営業に悪戦苦闘する**ものの、社内や地元の人からは「東京で何をしているんだ?」と不審な目で見られていた。

もう1つは資金面。リーマンショックの影響が残る2011年に総額約20億円もかけて投資したスーパーマルチ車両を100台購入するものの仕事がとれなかった時期はかなり苦労したという。決算で2億円の赤字を出した年もあったが、**銀行に頭を下げ資金を工面しながらも従業員にはきちんと賞与を支払い、解雇者も出さなかった。**

「これがのちの飛躍を生んだ」と弘晃氏は話す。

トラック5台からスタートした同社だが、今や1500台、グループ従業員数1750人を抱える全国区の運送業者にまで成長。今後はトラック3000台、事業所100カ所を2030年までの目標として突き進んでいく。

松岡社長は2013年にMBAを取得した。下のグラフにあるように、その理論を戦略的に活用していることも急成長の大きな要因といえる。

富士運輸　急成長概要

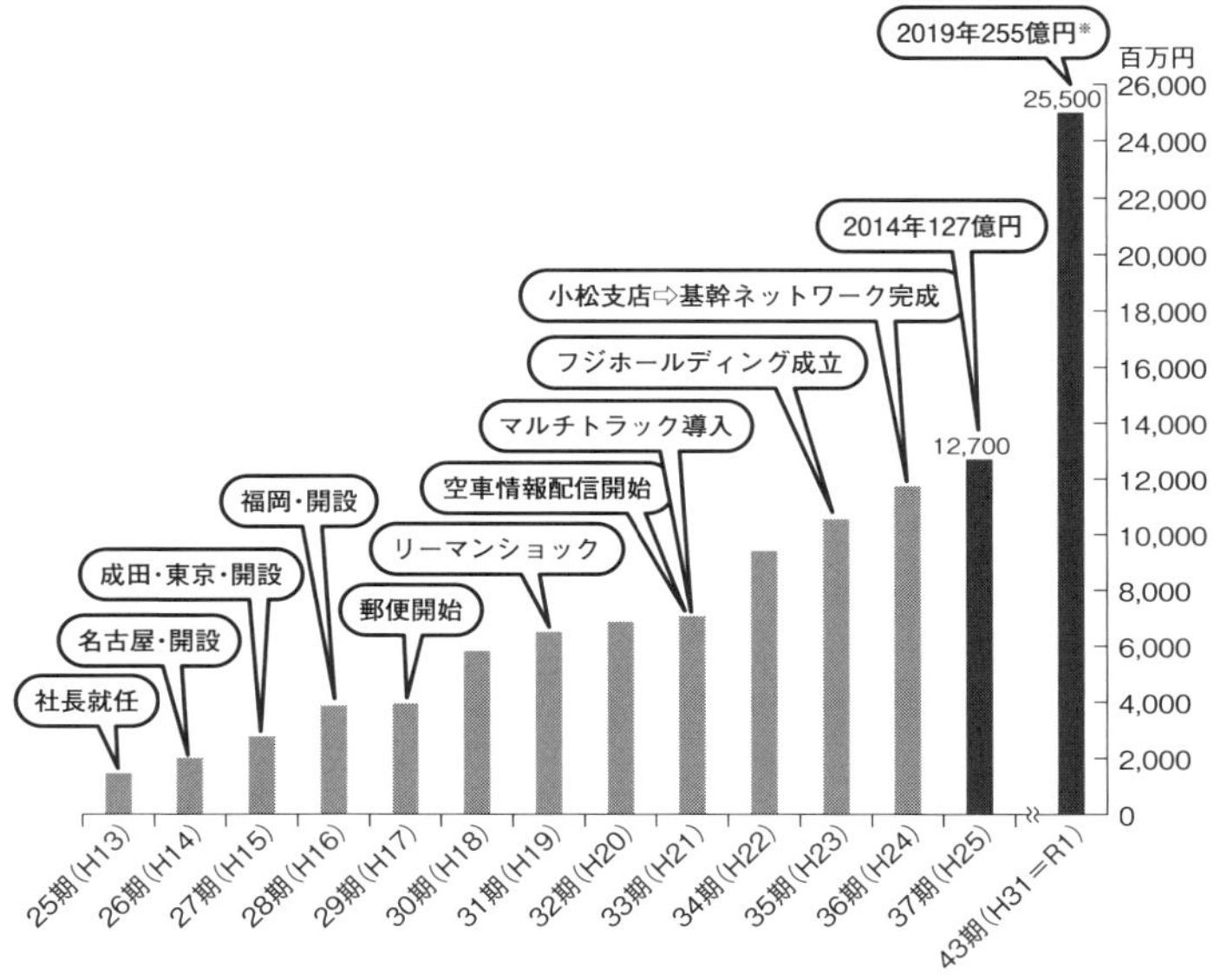

※富士グループ全体で309億円

2001年：70台　⇨　2013年：富士運輸：760台

収益性――立場が圧倒的に強い顧客に負けない仕組みを作る

富士運輸の収益性については、大きく2つの側面がある。

1つはもちろん運輸業での収益性であり、そこに貢献しているのが**IT活用と各地拠点を増やすことによる空車率の劇的な低減**だ。

IT活用による空車率の劇的な低減というのは、荷物を積んでいないトラックの情報を電子メールで公開し、荷物を動かしたい荷主のニーズとマッチングさせる仕組みを指す。

例えば、大阪から東京への片道輸送を受注した場合、通常は、積み荷を東京で下ろして帰りは空のまま帰るだけになってしまう。

そこで、Web上に空き情報を公開し、情報は電子メールでお知らせすることで荷主担当者は常にリアルタイムで最新の情報を確認することができる。帰り道である東京→大阪へその日に送りたい荷物がある荷主からオーダーをもらって帰りの荷台も埋める、といった具合だ。

片道だけでなく往復で仕事が発生すれば、それだけドライバーの給料にも反映できるので、従業員にとってもうれしい。

さらに、全国に拠点があれば、東京—大阪でなく途中の静岡や名古屋から大阪までなどというニーズにも対応できる。拠点があることで、ビジネスチャンスがたくさん生まれるということだ。

このように無駄を排除し効率化を徹底する取り組みが認められ、同社は2010年に経済産業省のIT推進企業に認定されている。

トラック運送業は、いってみれば薄利多売の事業。典型的な労働集約型のビジネスモデルで人件費がかかることから、効率的に稼いでいかなければ成立しにくい。そして、効率的に稼ぐには、噛み砕いていえば「持ったもの勝ち」。トラック台数が多いほど、拠点が多いほど効率を上げやすく、しかも仕事が取りやすくなるのだ。

収益性でのもう1つの側面は、**車両の売買サイクルの確立**だ。

前述したように、大量の新車トラックを一括購入することで取得原価を抑えつつ、車両の現在価値が高いうちに売却し、売却したその資金を使ってまた大量の最新トラックを仕入れる、ということを繰り返している。

大型トラックは一般に、5年ほどすると故障頻度が急激に高くなり、中古で売る際もがくんと値下がりしてしまう。

富士運輸では、中古トラックを売却する受け皿となる貿易業者やオークション企業との契約や多くの同業他社を獲得し、故障が増える車齢になる前の売買サイクルを確立することで損失を避けている。つまり、収益を上げるというよりは、**できるだけ損しない仕組みを作って収益分を目減りさせない**ようにし、結果的に安定的な利益へつなげていると考えられる。

収益に関して、さらに2つ付け加えておきたい。

1つは、「受注はゼロか100か」戦略。153ページで前述したように、複数のトラックを使って荷物を運ぶ場合、荷主はリスク分散のため複数の運送会社に仕事を割り振るのが一般的だ。

しかし富士運輸は、いつでも動かせる大量の大型トラックを保有している強みを生かし、「一部だけではなく、すべての配送を発注してくれないと受けません」と交渉し10%や20%ではなく100%の仕事をもらい、大きな収入を獲得している。

もう1つは、「適正価格の維持」。

運送業界にいなければわかりにくいことだが、実は、大型トラックの長距離輸送で荷主に適正価格を守ってもらうことはとても難しい。

その理由は、まず、この業界では荷主側の立場が圧倒的に強いため、割引交渉が当たり前になっていることがある。

さらに、運送業に欠かせない燃料の価格が変動することも大きい。原油価格が高騰したからといって、増えた燃料費を荷主（顧客）に負担してもらうのはかなり難しいのである。

以上2つの理由から、労力と費用に見合った運送料をもらうことができず赤字になることも少なくない。

富士運輸では、大量の保有トラック、全国に広がった拠点とその拠点になる自家給油施設を活用した軽油価格の低減、高速道路料金もネクスコとの直接契約により最大限の割引を受けている。これらの強みを生かし効率的な配送を行うことにより顧客にとって魅力的なバックボーンとなっている。

また1便あたりの収支をすぐに出せるようにした独自のシステム開発で**「この輸送にはこれだけのお金がかかるので、これだけいただきたい」**と具体的に交渉できることにより、適正価格を確保しているのだ。

持続的成長性――安全性を徹底的に追求

富士運輸は、事業を軌道に乗せるのが難しいとされてきた大型トラックでの長距離輸送を、これまでにない新しい取り組みによって道を切り拓き、全国レベルにまで発展させてきた。新車一括購入と短期販売のサイクル、業界初・全車GPS装着による輸送の「見える化」などのイノベーションは同社成長の大きな原動力であり、今後も期待される部分には違いない。

持続的成長性としてもう1つのキーワードになるのは、**意外かもしれないが「安全性」である**。同社の思想のなかには、次の2つがある。

・安全に対する高い意識を全社で共有することが重要
・高品質で安全な輸送が信頼につながり企業価値を高め、組織拡大につながる

この思想を具現化したのが、新車の短期買い替えサイクルやエアバッグ、ABS装着、自動ブレーキなどを装着した**安全性の高いトラックの導入**であり、2002年と

早い段階で取り組み始めた自社整備である。

外部の整備工場に頼っていると、予防的な整備はなかなか難しい。自社工場なら、あらかじめ壊れる時期と壊れやすい箇所を車両ごとに把握しておき、適時消耗品交換をすることもたやすい。

また、自社工場を持っていれば、故障してもすぐに修理することで稼働率はそれほど下がらないし、安全面に配慮しているというアピールにもなりドライバーの採用力アップも期待できる、といった効果もある。

とはいえ、トラック運送業に事故はつきもので、いくら注意していても事故率ゼロにはならない。そこで、できる限り事故率をゼロに近づけるため、**同社では支店ごとに「安全大会」を頻繁に行っている。**

安全大会とは、輸送の安全に関する基本的な方針を再確認し、「重大事故発生件数0件」「車両事故50％削減」などの目標を達成するなど、安全な業務を行うための従業員を対象とした教育・啓蒙活動を指す。

活動の様子は、同社ホームページ上で公開されているが、その頻度の高さに取り組みへの熱心さがうかがえる。

人材吸引力——トラックを運転する人材にこそ配慮する

ドライバーの有効求人倍率が3倍を超える、きびしい運送業界だが、富士運輸には、多くの求職者が後を絶たず、2019年は半年で250名以上を採用した。

採用にはことのほかこだわり、最終面接は応募者を奈良の本社まで呼び、5日間の研修期間中に社長自らが一人ひとりと面談を行っている。

人材吸引力として同社最大のポイントは、大型トラックによる長距離輸送という形態ながら、一般の長距離運送業者に比べ、短期間で帰宅できることである。全国各地に拠点を持つ同社では、荷物のスイッチや中継輸送が行えるからだ。これは、「大型には乗りたいが、定期的に家に帰りたい」という多くのドライバー職への就労希望者にとって、最大の魅力だ。

また、**ドライバーの家族にも配慮を怠らない**。トラック乗車体験、バーベキュー大会などをとおして仕事への理解を促進。さらに、安全性を追求した車両装備で最大限の安心感も与えている。

労働条件の向上も重視。事故を起こした際のペナルティとして個人から高額の弁金を徴収する企業が多いなかで、同社は従業員を苦しめるようなことはしない。業務で利用した高速道路の料金は会社負担、長距離輸送には見合った金額の手当を反映するなど、他業種から見れば当たり前と感じるが、ドライバーからは高評価を受ける内容である。

上昇志向の強い者に対しては、ドライバーから管理職へのキャリアアップ制度が最大の魅力になる。**管理職立候補制を採用し、学歴や年齢に関係なく管理職を希望するものには広く門戸を開いている。**

職種的に職人志向が強い人が多く、なかなか管理職を育成できないため、拠点を作れない企業が多い運送業界にあって、驚異的に早い拠点展開を可能にしているのは、同社の独特な人事制度があってこそ、といえる。

ドライバー　↓　運行管理　↓　支店長　↓　役員　↓　関連会社社長

実際に、こうしたステップで役員やグループ会社の社長まで上り詰めた人もいる。

顧客満足度——従業員満足に徹することの効果

冒頭で紹介したとおり、「お客様より従業員を大切にしています」と大胆に宣言する富士運輸であるが、現実はとても高い顧客満足度を誇る。

2013年に行ったお客様アンケートでは、「乗務員の作業態度」「乗務員の服装」「車両美観」「電話対応」の4項目について評価を測っているが、いずれも「好評」が圧倒的に多い。

下記のような実際にあがっている顧客の声からも、良い仕事をしていることがうかがえる。

顧客の声

■乗務員の作業態度、客先での対応等スキルが高いと思っており安心して依頼できております。価格については少し高いイメージがあります。
■元気があって作業態度も非常に良いです。御社に依頼をしたら安心です！
■アクションが早くとても良い会社と感じています。熊本支店様とお取り引きしていますが4t PG車があれば助かります。
■いつも現場でご担当の方にとても親切にご対応いただいております。乗務員の方、営業の方におきましては大変丁寧でよく教育されていると感謝致します。いろいろと厳しいオーダーも聞いていただくことがございますが今後ともよろしくお願い申し上げます。
■平素から社員に対しての指導、教育が行き届いていると感じます。定期監査等も他社に比較して抜きん出ていると思います。各管理者はもちろんのこと、社員（ドライバー）の対応（対面、電話）とも非常に良いと思います。
■自社便での対応がメインで教育が行き届いており安心しておまかせできる。安全についても徹底されており、お客様構内で必ずヘルメットを着用している（周りはしていない状況で……)。すばらしい！

組織力――採用段階から出世志向の人を重視する

全国60拠点というネットワークを生かし、ドライバーの負担が少ない効率的な運送を実現。例えば、東京から大阪までの荷物を運ぶ場合、A車で出発したドライバーaは、名古屋拠点で名古屋―東京便のB車に乗り換え東京に戻ってそのまま帰宅。一方、名古屋のA車は大阪に自宅があるドライバーbが引き継いで大阪に向かう。こうして長距離ではなく中距離に刻むことで、ドライバーの身体的負担が減るのである。

さらに、組織力強化の取り組みとして、管理職立候補制もあげておきたい。

多くの場合、ふさわしい人を探す以前に、やる気のある人が少ないことが問題となる。しかし同社では、メールで立候補者を募れば、必ず多くの社員から手があがる。

その理由は、松岡社長いわく「出世志向の人を採用する施策を打っているから」。自社ホームページや採用媒体広告などではこの人事制度を強くアピールし、**実際にドライバー出身で役員など管理職に就いた**人を紹介している。それを見て、出世志向で、チャレンジ精神のある人が集まってくるのだ。また、「元は現場でドライバーをやっていた人たちが上層部にいる」というのは、現場を動かすうえで大きなメリットになる。

社会性——積極的に貢献活動にかかわる

富士運輸では、各拠点で、地域活性化の一環に貢献するため、自社の所有するトラックボディを使ったラッピング広告を実施している。ラッピングは外注するのではなく、自社で設備を整えているため、低コストで定期的に変更することが可能。長期的な活動にも結び付く。

近年は**地元愛が強いドライバーも多く、地域PR用のラッピング広告のトラックが走ることは地元の人材確保という意味でも貢献**していると考えられる。

また、2016年には、全車両に搭載されたGPS位置情報サービスシステムを活用した運送効率化などによるCO2削減で、国土交通省近畿運輸局「平成28年度交通関係環境保全優良事業者」表彰を受けている。

さらに、天然ガストラックの導入も積極的に行い、企業として地球温暖化にも配慮している。

スポット的な活動としては、2011年には東日本大震災の被災地にフランスの救援隊の緊急物資を輸送し、20カ所目となる仙台営業所を同年に開設した。

この企業から学ぶこと

●ここまで従業員を大切にする企業も珍しい

トラック運送業界では、長距離の輸送は儲からないというのが定説です。運賃は叩かれる、ドライバーのコンプライアンスも守れない。同業他社のほとんどが手を引いているなか、すい星のように現れ、**瞬く間にトラック台数や拠点を増やし**、それを背景に適正運賃を確保する。そんな企業はこれまでありませんでした。

ある時、適正価格を求めて同社が1年以上運賃交渉し決裂した大口クライアントに対して「来月頭からトラックを全台止める」と宣言し、実際に1台も動かさず他の仕事にトラックを回したのです。このように**顧客に毅然とした態度をとる一方、社内には手厚く対応**し、従業員のモチベーションを考え、事業継承も家族ではなく従業員のなかからと考えているのです。

また、ここまで大きくなると海外に目を向けるものですが、同社は「国内でまだまだ伸ばせる」といい、2030年までに100拠点を目指しています。

執筆：船井総研ロジ株式会社　取締役常務執行役員　橋本　直行

Chapter

06

グレートカンパニーアワード2015
顧客感動賞

のため」を徹底し新たなマーケットをきたパイオニア

——工進

働き手の高齢化が進む農業において、小型汎用農業機械の開発により労力軽減に貢献。主力であるエンジンポンプは国内外から高く評価され、国内シェア70％、海外シェア30％を獲得し世界160カ国で使用されるまで広がった。「顧客起点」の理念をベースにユーザーの声を反映した新製品を開発し、新たなマーケットを続々と生み出すことで成長し続けている。

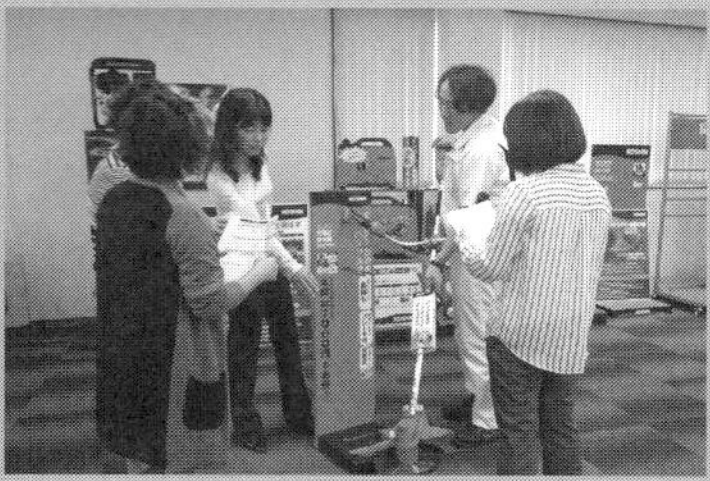

「すべてはお客様販売ルートや続々と開拓して

秀逸なポイント

主力商材は国内 70 %、海外 30 %シェア獲得。
「顧客起点」をベースにユーザーの声を吸い上げ
新たな市場を続々と生み出し持続的に成長

□新たな販売ルートを独自に開拓

→　ホームセンターの直販ルートや海外ルートを、独自の方法でゼロから道筋をつけ、売上を伸ばす

□顧客のリアルな声を吸い上げ製品開発

→　ストアコーディネーターや販売研究所などがユーザーから直接リアルな感想を吸い上げ、開発部門と連携

□強いライバルがいても独自の方法論でシェア獲得

→　顧客の声を手がかりに新製品を開発し、新たな市場を生み出すことで成長し続ける

企業プロフィール　株式会社 工進

業務内容：ポンプ、噴霧器の製造および販売
所在地：京都府長岡京市
創業：1948 年
代表者：小原英一
資本金：9800 万円
従業員数：190 名（2018 年 1 月時点）

業界の姿①業界の現状――周辺を含めて減少し続けているマーケット

工進は京都に本社を構える機械メーカーで、これまでは農業で活用される小型機械を主力製品としてきた。

まず、顧客である「農業」の全体像を見てみると、その市場規模はおよそ10兆円弱と巨大だが、将来的にはきびしい業界といわれている。

その主な原因は、担い手の減少と高齢化にある。

農業をメインの仕事としている「基幹的農業従事者」の数と平均年齢を見ると、1995年で約256万人、59・6歳だったものが、2010年で約205万人、66・1歳、2018年では145万人、66・6歳と、年を追うごとに減少・高齢化していることがわかる（農林水産省ホームページ「農業労働力に関する統計：農業就業人口及び基幹的農業従事者数」より）。

新規就農者には比較的若い年代が多いため、担い手は若返っていると勘違いされがちだが、若い世代の新規参入はごく一部。**ほとんどの農業従事者は高齢で、75歳以上の後期高齢者も多い。**

高齢で担い手の減った農家の作業負担を軽くするのが農業機械の役目でもあるが、市場は縮小の一途をたどっている。

農業機械の生産金額推移を見ると、２００８年は５３１４億９３００万円あったのが、２０１３年は５１９１億３５００万円、２０１８年では４５５９億２９００万円で、10年の間に７５０億円以上ものマイナスとなった（国内と海外出荷分の合計値。日本農業機械工業会の統計データより抜粋）。

以上のように、農業も農業機械のマーケットも縮小し続けているなかで、**工進は、安定した売上を維持し、経常利益も現在まで順調に伸ばし、２０１**

農業機械の生産実績

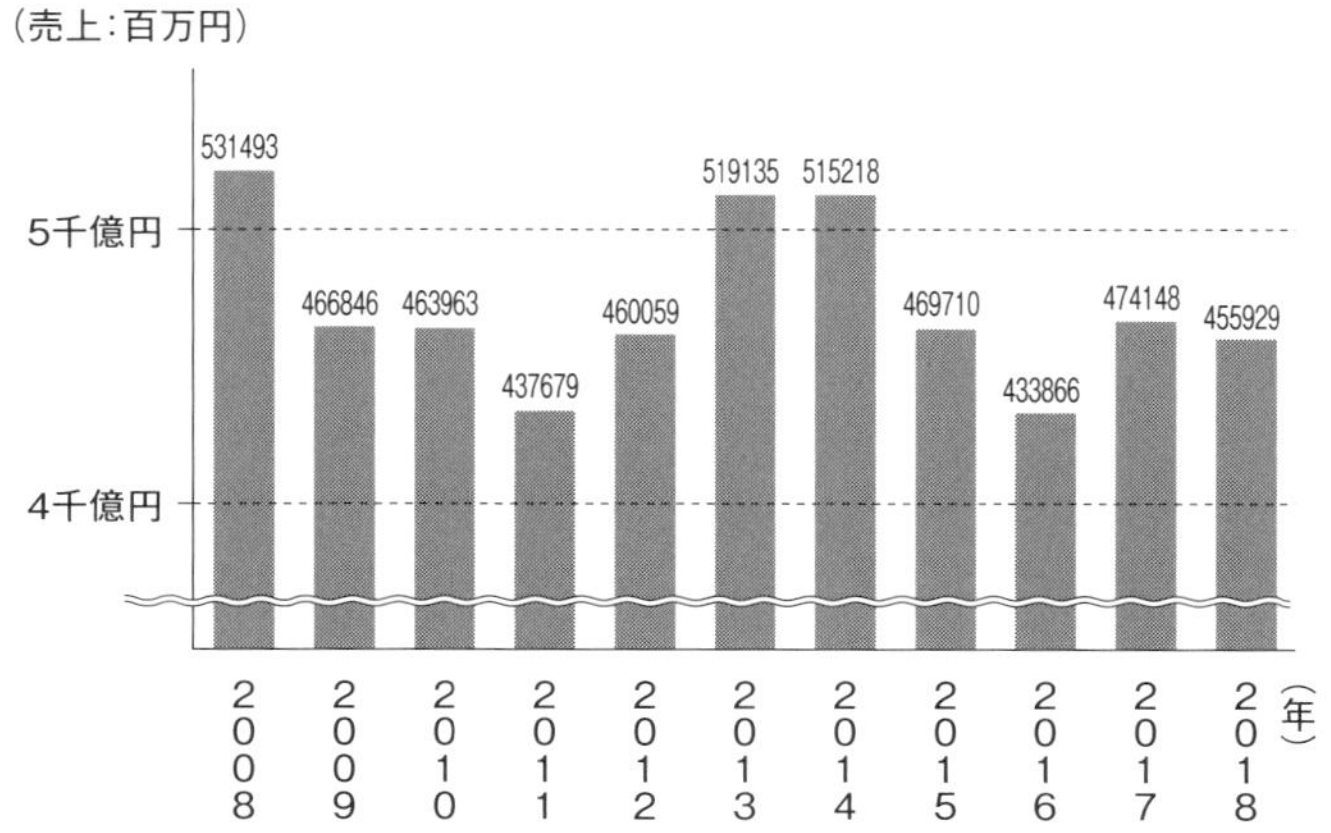

※ 一般社団法人日本農業機械工業会の統計より抜粋

9年1月度決算では過去最高益をあげている。

その工進が主戦場としているのは、小物農業機械のカテゴリー。

一般に農業機械というと、テレビCMでよく観るトラクターや田植え機などの大型機械を思い浮かべる人が多いだろう。しかし工進の主力商品は灌水などで使われる小型のエンジンポンプと、作物の消毒などに使われる噴霧器だ。

小物機械のマーケットは、トラクターなどと比べると当然小さい。例えば、2018年のトラクター生産金額は約2452億円。これに対して噴霧器を含めた「防除機」と呼ばれるカテゴリーの生産金額は約135億円と桁が違う。

工進は、防除機という小さなマーケットのなかで業績を伸ばし、そのニッチ市場で上位を維持し続けているのだ。

業界の姿②今後の傾向——今後、競争の原理が働くことは必至

農業、ひいては農業機械の国内マーケットが縮小する状況で、多くの企業は海外に目を向けている。特に農機大手はほぼ例外なく海外へシフトしており、海外市場を開

拓する動きが活発化している。

一方、海外にシフトできない中小企業は廃業、あるいはキャッシュリッチな競合に吸収される可能性が高い。

これまでは、強者と弱者が入り混じって市場シェアを取り合っていたが、今後は弱者が消えていき、生き残った企業が残存者利益で各マーケットの覇者になると考えられる。そして、生き残った強者同士の熾烈な争いになれば、ブランドを持つものが優位に立つ。

工進はまさに生き残って弱者を吸収すべき立ち位置にいるキャッシュリッチな企業である。生き残り、強者同士の争いに勝つためのブランド戦略も着々と進める一方で、早くから海外に目を向けて独自のルートを開拓し、現在は160カ国に商品を流通させている。

理念・ビジョン――「すべては顧客のため」という精神

工進は70年以上前の創業時から、1つの理念を貫いてきた。それは、

顧客起点

作り手の「優れた商品を開発した」という勝手な思い込みではなく、製品を使う顧客が何を求めているか現場の声を集め、製品の性能・品質だけでなく顧客が求める価格の製品を作り上げるよう徹底してきた。

その姿勢は、初代社長の小原甚一氏が「ものづくりで最初に行ったことは機械問屋に話を聞きに行くこと」だったというから筋金入りだ。

「すべては顧客のため」という精神は現在の3代目まで引き継がれているが、もちろん最初から社内に根付いたわけではない。何十年もかけて経営陣から現場へと徐々に広がり、**現在では空気を吸うように「それはお客様のためになるのか?」という会話が社内中で聞かれるレベルになった。**

すべての活動の軸を「顧客起点」に置く工進の経営方針は次の5つ。

1　互いに親愛の中にも秩序をたて、優れた特徴ある優良中堅企業をめざしましょう
2　創意工夫で生産性を高め、業界のトップを歩みましょう
3　優れた商品、適正な価格、確かな納期、迅速なアフターサービスで信用を高め、コーシンブランドを世界に広めましょう
4　変化を先取りし常に努力を重ね待遇の改善をはかり安心して働ける会社にしましょう
5　朗らかで楽しい和やかなみんなの会社をみんなで築きましょう

さらに具体的な目標として近年は、次の4つを目指している。

・優れた特徴をもつグローバルエクセレントカンパニーへ
・市場創造に挑戦するメーカーへ
・夢（ビジョン）をもった活力ある知的集団へ
・そして、日本をはじめ、世界中のお客様に喜びを届けよう

ビジネスモデル――川下からの逆転の発想で業界に風穴を開ける

大枠のビジネスモデルは、日々技術力を磨き、より良いものを効率的に作り、必要量を安定して生産できる体制を整え、需要の高い販売ルートを開拓する、と一般的な製造業とほとんど変わりはない。

とはいえもちろん、違いはある。その1つは、多くのメーカーが会社の方針ありき、作れるものを作るという「プロダクトアウト」なのに対し、工進は顧客の意見やニーズをもとに製品を作る「マーケットイン」の方針を徹底していること。つまり、**作ったものを売るのではなく、求められているものを作るということだ。エンドユーザーをリサーチし、多くの需要があると判断すれば、すでに強い競合がいるジャンルでも果敢に攻め入っていく。**

同社のメイン商材である噴霧器も、そうやって市場に挑んでいった製品だ。消毒薬などを散布するのに使う農業用の噴霧器は、今でこそバリエーション豊かだが、以前はエンジン式か手押しの手動式しかなかった。ビニールハウス内では一酸化炭素中毒が怖いのでエンジン式は使えないものの、手動式は作業が大変と、困っている農家がたくさんあった。

そうした現場の声を収集した工進は、リチウム電池を動力源とした電気モーター駆動による噴霧器を開発した。

発売当初は、「電池式など非力でとても使えたものではない」と誰にも相手にされなかったが、改良を重ね、満を持して出した商品がヒット。リリースしたとたん、電池式市場シェアの4割をとってしまった。

一見すると、強力な競合がいるレッドオーシャンに挑んでシェアを他社から奪ったように思えるかもしれないが、実は違う。既存マーケットに攻め入ったのではなく、**必要とされているのに市場にない商品を、ほしい金額で提供することで新たなマーケットを開拓したのだ。**

「自分で庭のお手入れをしたいけど、男性向け商品しかなくて女性の私には使いにくい」と困っていれば女性でも使いやすい軽量で操作がかんたんな草刈機を開発する。「高齢になり、重たい機材を背負っての作業が大変になってきた」という声を聞いては、背負わないタイプの噴霧器「モー背負わないシリーズ」を充実させる。これを繰り返すことでラインアップを増やし、安定して売上を伸ばしてきたといっていい。新たに生み出す、開拓するという志は工進の基本的な思想で、それは販売面でも貫かれている。

例えば、ホームセンターへの直販ルート開拓。従来、農業機械メーカーは、代理店を通して農機具店や機械工具店などの専門小売店に卸すルートしかなかった。そのため代理店の力が強く、以前は直販など考えるメーカーは皆無だった。ホームセンターと代理店はライバル関係にあるため、たとえホームセンタールートを開拓できても代理店に切られる恐れがあったからだ。

しかし、**代理店以外のルートも持たなければ未来はないという思いから、ホームセンターへの直販ルートに筋道をつけ始めた**のが1980年代。様々な問題はあったが、有力代理店とのパイプをつなげつつホームセンターとの取引も成立させ、1990年代には本格的にホームセンタールートを拡大した。そして現在は、新たにレンタルのルートを開拓。発電機のラインアップを充実させ、建機分野にも進出している。

ホームセンターに関連して、もう1つ同社を象徴する特徴が「ストアコーディネーター」の存在。その前身はホームセンタールートの拡大時期からあり、意外に歴史は古い。

ストアコーディネーターは、担当エリアのホームセンターを回り、自社製品の置かれる棚の清掃・整理、売場展開の提案、販売員としての応対、商品デモンストレーションのほか、エンドユーザーの本音を本社にフィードバックするという役割も果たす女性スタッフのことだ。

例えば、店頭でのデモンストレーションで実際に使ってみた複数の顧客から「ボタンが固い」と言われたらそれを本社に報告、開発部門への参考意見として届けられ、「固い操作感を解消できないか?」と検討される。

エンドユーザーの声が寄せられても、「こんなもの」と開発部門で無視されることも多い製造業で、要望に対して一つひとつ検討し必要に応じて製品に反映すること、**「聞く耳を持つ」ことそのものが工進の経営方針を如実に表している。**

顧客の声を吸い上げるのは、ストアコーディネーターだけではない。販売研究所という部門は、エンドユーザーの声を直接聞きに行く機能を持っている。インタビューした内容をヒントに、商品企画部門は新たな切り口の製品を考える、という仕組みが出来上がっている。

さらにすごいのは、開発部門のスタッフも、ユーザーの声を直接聞きに行くケースが珍しくないということ。事実、2代目社長で現会長を務める小原勉氏は「会社の中で図面を引いているだけでは技術者として50点。100点満点を目指すなら、今マーケットで何が求められているかを熟知する必要があります」と明言している。

工進の特徴的な部分をここまであげてきたが、実は、同社がやっていること一つひとつは、ほかの中小企業でも実行が不可能なわけではない。実際、エンドユーザーの声を吸い上げる作業などは多かれ少なかれどの企業でも行っているだろう。

同社の優れたところ、模倣が難しい部分は、ここまであげてきたことすべてを徹底していることにある。一介の中小企業が、全国のホームセンターに人員を割いてフォローし、ユーザーの声を吸い上げることを専門とする部門も設け、その情報を製品開発に生かし、新たな市場をつくってシェアをとる仕組みをつくっている。

ここまですべてを徹底できたのは、「顧客起点」をベースに活動していることが大きい。全スタッフがユーザーの喜ぶことを考え活動した結果、現在では小型エンジンポンプは国内70%、海外30%のシェアをとり、ここ10年で経常利益を6倍にも拡大している。

工進のビジネスモデルのすごさは徹底して顧客から離れないところ

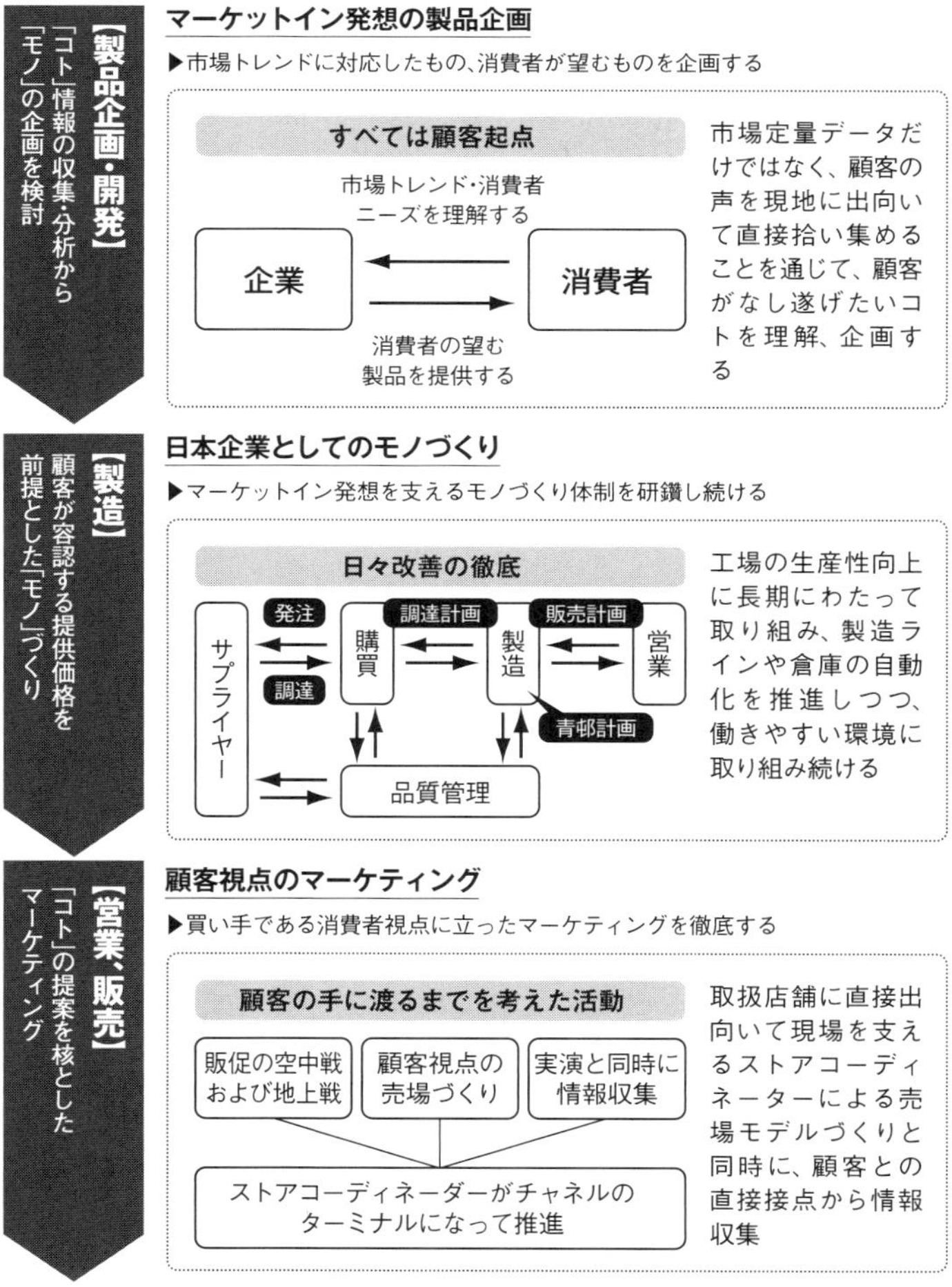
【製品企画・開発】
「コト」情報の収集・分析から
「モノ」の企画を検討
マーケットイン発想の製品企画
▶市場トレンドに対応したもの、消費者が望むものを企画する
すべては顧客起点
市場トレンド・消費者
ニーズを理解する
企業
消費者
消費者の望む
製品を提供する
市場定量データだけではなく、顧客の声を現地に出向いて直接拾い集めることを通じて、顧客がなし遂げたいコトを理解、企画する
【製造】
顧客が容認する提供価格を
前提とした「モノ」づくり
日本企業としてのモノづくり
▶マーケットイン発想を支えるモノづくり体制を研鑽し続ける
日々改善の徹底
サプライヤー
発注
調達
購買
調達計画
製造
販売計画
営業
青郵計画
品質管理
工場の生産性向上に長期にわたって取り組み、製造ラインや倉庫の自動化を推進しつつ、働きやすい環境に取り組み続ける
【営業、販売】
「コト」の提案を核とした
マーケティング
顧客視点のマーケティング
▶買い手である消費者視点に立ったマーケティングを徹底する
顧客の手に渡るまでを考えた活動
販促の空中戦
および地上戦
顧客視点の
売場づくり
実演と同時に
情報収集
ストアコーディネーターがチャネルの
ターミナルになって推進
取扱店舗に直接出向いて現場を支えるストアコーディネーターによる売場モデルづくりと同時に、顧客との直接接点から情報収集

歩んできた道——優良企業と評価されたあとも絶えず進歩し続ける

初代社長小原甚一氏により1948年に創業。当初は、機械修理や手回しボール盤、グラインダーなどを製作する町工場としてスタートしたが、1950年には現在の同社の基礎となるポンプ製品の製造にシフトチェンジ。1960年代から主力商品のギアポンプが農業市場に広がり、ここから農業と深い関係を持つようになる。

創業時から「顧客起点」で誠実な経営を続けてきた同社は徐々に周囲からも認められるようになり、1960年に中小企業庁長官賞受賞、1962年は科学技術庁長官賞受賞、そして1985年には京都府より中小企業モデル工場の指定を、1990年には中小企業庁より中小企業合理化モデル工場の指定をそれぞれ受ける。

さらに2011年、R&I（格付投資情報センター）中堅企業格付けaaaを獲得し、万人が認める優良企業へと発展を遂げた。

その原動力となったのは、1990年前後から始まった、たゆまぬコストダウン。

国内では、1998年にアルミダイカスト鋳造操業を開始、2000年に金型製作工場新築。金型の内製化などにより、コスト削減と製造のスピードアップを実現する。

近年は、メイドインジャパン品質保持のため、本社新工場・研究棟を本社敷地内に竣工。無人に近い自動化・省力化を図ったロボット工場により、中国での製造と遜色ないコストダウンに成功している。

一方、海外については、1992年タイ・バンコクの工場進出を皮切りに、翌年には中国広東省・中山に工場進出。さらに、2003年に中国浙江省寧波市で100%出資の現地法人を設立し新工場用地を取得、2005年にタイ新工場竣工、2006年にKOSHIN THAILAND CO.LTDの設立、2010年に中国浙江省寧波市でモーター工場設立など、コストダウンのため続々と海外拠点の充実・拡大を図る。

また、1990年代からホームセンタールートの開拓に着手したことも大きい。当時の農機業界で直納する中小企業メーカーは皆無だったため、バイヤーへの提案書を何度も作成しては断られ、ということを繰り返し、徐々に自社の型を作っていった。

ルート開拓のきっかけは、業界内で一目置かれる大手ホームセンターから声がかかったこと。ホームセンターとライバル関係にあり従来の有力取引先である専門小売店の代理店ともうまく折衝し、ホームセンターとの両立を実現。以降、ホームセンタールートは拡大し2019年時点では国内売上の55%を占めるまでになる。

収益性——「無駄はないか?」と絶えず見直しを繰り返す

工進の高い収益性は、たゆまぬコスト削減と生産性向上への努力のたまものといえる。戦略的な設備投資と販促投資もしながら、身を締める。その積み重ねを継続してきたことが優れた収益性へとつながっている。

コスト削減については、「無駄な行動はしない」という精神が末端のスタッフにまで浸透していることが大きい。ルーティン作業の多い工場スタッフをはじめ、すべての従業員が日常の行動まで「無駄はないか?」と見直している。

また、**海外工場を持ちながら国内にロボット工場を建設し、為替相場の変動によってコスト的に有利なほうにシフトできる体制を整えることで、製造コストも安定。**

生産性向上に関しては、同社工場では常に「前期より生産性向上を」とうたう一方、収益が上がれば最新鋭機を入れて省力化や不良率の改善を図っている。

こうした堅実な経営は、現会長である小原勉氏が創業社長から言われた「息子だからといって社長にふさわしい考え方がないと継がせるつもりはないよ」という一言が、その原点になっている。社長一年生から業績の低下は許されない状況で、就任から3年間は自ら海外市場の開拓に努め、グローバル販売体制の基礎固めに奔走した。

　小原勉氏が収益性にこだわったのは、「社員にとって物心両面で満足を得られる企業でありたい」という思いの実現のためにも利益が重要であると考えたからだ。

　近年のトピックスは、**商材の品目が少ないニッチ市場の覇者という立場から、品目を増やして総合化したことにより収益性をアップしたこと**。そして、2010年1月から事業計画を綿密に練り上げ始め、安定した売上高を上げるようになったことだ。

　経常利益も順調に伸ばし、並行して借入金の整理を行った結果、2011年には無借金経営を実現した。

売上高と経常利益

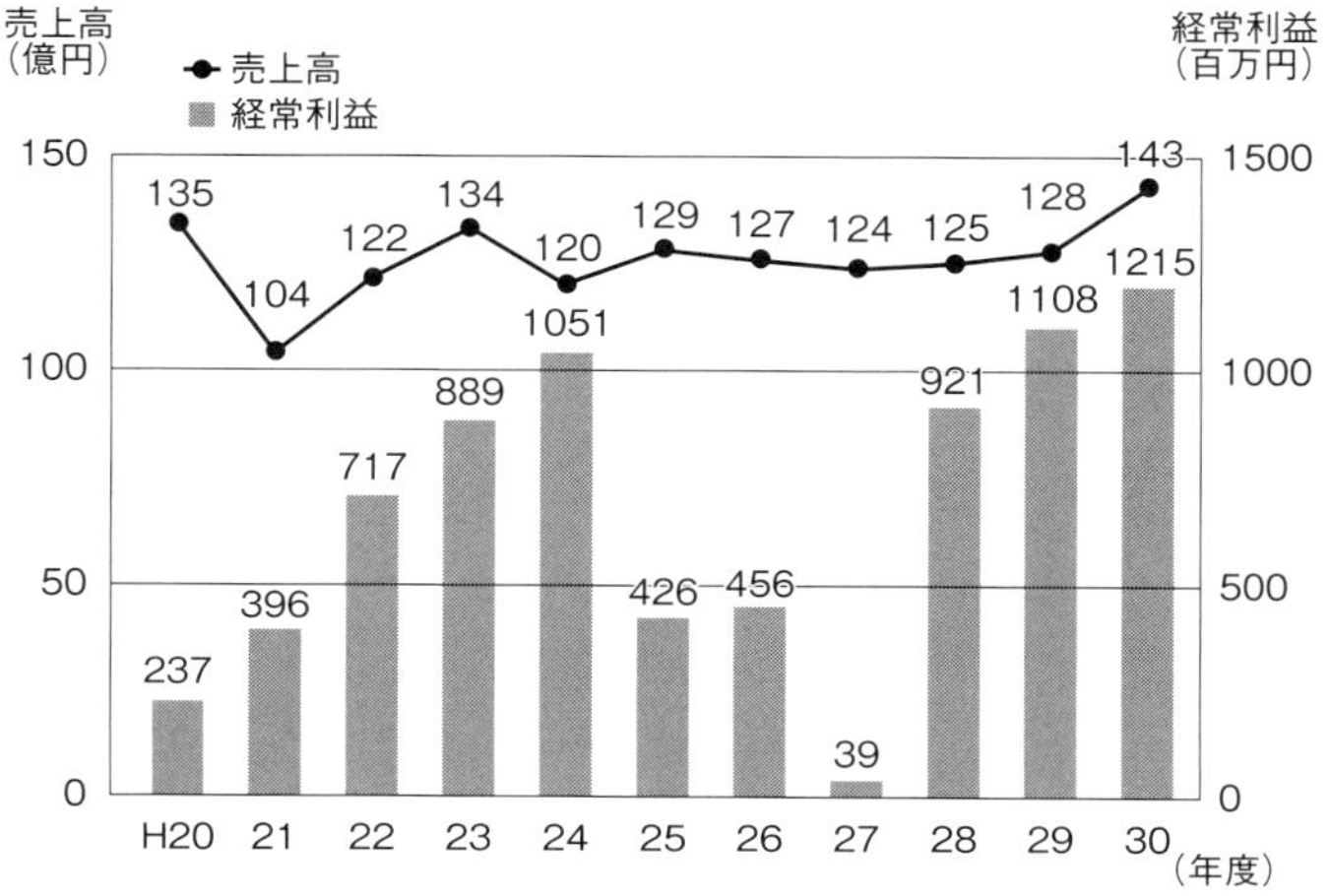

持続的成長性——大手とは異なる、徹底した顧客接点強化

工進は農業機械ルートでシェアを伸ばすことで成長し、農業器具ルートが成熟したことからホームセンタールートを開拓してそこでのシェアを上げていくことで成長。さらに、ホームセンターが成熟期に入ってからも、

新しい商材を開発 ↓ 新たな市場をつくり出す ↓ シェアをとる

という流れを繰り返すことで持続的に成長を図っている。

単にルートを握るチャネル（卸、取扱店舗等）に販売をまかせるのではなく、メーカーとして自社の製品をエンドユーザーに知らしめる工夫をし、取引先とともに市場を創造するスタンスで持続的成長に成功してきた。

業界大手の企業は大物俳優を使ったテレビCMでトラクターを宣伝してエンドユーザーに情報を伝えていたが、このようなコスト負担に耐えられる企業は多くない。資金力に劣る中小企業は指をくわえてみていることしかできない状況のなか、**工進**

では実売に直接貢献する消費者向け販促は「チラシ」であると考えてきた。

それは、取引を始めたホームセンター業界では折り込みチラシが販促のエンジンになっていたのを知っていたことと、顧客視点のものづくりをしてきた企業だけにエンドユーザーに商品情報を伝える重要性に気づいていたことが理由である。

工進では、チラシを使った販促活動を「空中戦」と名付け、取扱販売店に工進が作成したチラシを提供し、より安価に販促ができるようにした。

同時に、店頭販売対応を「地上戦」として、自社製品の売場（展開什器を含めた棚セット）を提案し、農家の人が店頭で製品に触れる機会を増やすことを取扱販売店に推奨した。

当時、同業界でメーカーが作成するチラシがないわけではなかったが、顧客が購入したくなるインパクトのあるチラシをメーカーが作ることは皆無だった。

工進はこれを、顧客視点、つまり農家の視点でチラシを作成するため異業種のチラシを研究し、農機販売店が折り込んで当たる「チラシ」を作り出すことに成功した。

この成功を武器に、取扱販売店に対して「売れる販促」「売れる売場づくり」を提供

し続ける仕組みを確立したのだ。

この視点は、ホームセンター業界においても効力を発揮した。

売場を少人数で管理するため、制約条件が多いホームセンター業界に、「わかりやすいPOP」を積極投入すると同時に、催事等でスペースをもらった場合にはストアコーディネーターが売場づくりを積極的に行うという店舗展開支援を提供した。

店舗の店長、該当責任者と話し合い、目標を持って売場づくりを実施するストアコーディネーターは、各自が設定した売場で大きな成果を上げ、担当店舗の責任者から直接お褒めの言葉をいただくことも少なくなかった。

また、その売場でエンドユーザーから直接意見を聞く機会につながったことも大きい。

いつの時代もお客様を第一に考えた取り組みを行ってきたことが、工進の成長を支えているといえるだろう。

人材吸引力――「お客様のため」という視点は社員関係に好影響

工進では、離職率5％以下という極めて低い数字を実現している。その背景は、まず待遇面でいうと大手製造業と比較しても遜色ない賃金体系を維持していること。また、パートタイマーでも雇用整理の対象にしないのも大きい。

もう1つは、社内の風通しの良さだ。全社的に「お客様のため」という視点で同じ方向を向いているため、部署間の壁は低く上下関係も割にフラットといえる。

風通しの良さは、本社に全機能が集約され屋内で交流がしやすいことが役立っている。例えば、社員食堂には上司・部下や事務・工場に関係なく人が集まり、役員や会長もここで食事をして、社員に気軽に声をかけている。

社内での関係性づくりのため、社内交流を促す取り組みにも努めている。その代表例が夏祭りだ。本社ガーデンを開放して食材も会社で用意し、この時ばかりは経営層の人たちが社員に奉仕する。

昨今では専門職の中途採用に積極的で、異業種で経験豊かなシニアを採用し、彼らが新たな指導者となって自社の改善、改革を推進できる体制を整えつつある。

顧客満足度──事業者へ寄り添う姿勢は海外でも高い評価

「顧客起点」の工進では、常に顧客視点に立ち、エンドユーザーや取扱事業者に喜んでもらうことを意識した取り組みを進めている。

エンドユーザーについては、製品アンケート、展示会会場、販売店の店頭など、様々な接点を利用してコミュニケーションをとるだけでなく、直接取材に伺うこともある。

特に農家向け商品に関しては、過去に意見をもらった農家へ試作品を持参し、体験してもらったうえで生の声を収集し完成品に反映する場合も少なくない。

その工程を経て開発された商材の1つが、噴霧器の「モー背負わない」シリーズだ。従来、重たい噴霧器を背負って作物に薬剤を散布していたが、「高齢になり、重たい機材を背負っての作業が大変になってきた」という農家の声に対応し、ポンプを載せたキャリーを転がしながら作業できるタイプの噴霧器をリリースしたのである。

実際の満足度をはかる参考として、以下にエンドユーザーの声の一部を取り上げた。

■「乾電池式の除草剤専用機種　ガーデンマスター」を使用した感想

コスパ抜群、軽量で持ち運びが楽、電池式モーターは静かで長持ち、手入れが簡単、パンフ等広告は過剰表現PRが多いが、この製品に限っては広告以上の性能で大満足。ただし、3段式ノズルはデリケート。優しく丁寧に扱う必要がある。これさえなければ満点の2乗！

■「4サイクルエンジン　ハイデルスポンプ」を使用した感想

3年前に購入、今まで故障や不具合は一切なし。新たにもう1台購入予定。

プロダクトアウトではなく、顧客を起点としたマーケットインであり続けることが工進の原点といえる。

また、取扱事業者も大切な顧客と認識しており、海外の事業者とひざ詰めで販売戦略を検討することもあった。

例えば、タイの取扱事業者（卸販売店）とは、現地の販売戦略や、製品がエンドユーザーに渡るまでの工程をともに検討したりすることもあった。

このように、事業者に寄り添って製品の売り方を考える姿勢は海外でも評価されており、取扱事業者のなかには工進ファンも多い。

組織力——トップの思想の浸透により好循環を生む

工進が優れた組織力を発揮しているのは、経営トップの「すべては顧客のために」「顧客起点」の思想が全社的に浸透していることが大きい。

全社で「顧客のために」という同じ方向を向いているので、

1　部門の壁をこえて日常的に話し合うような社内の空気になっている

2　ストアコーディネーターや販売研究所で吸い上げたエンドユーザーの不満や希望は、開発部門で検討され商品の改善に役立てるという仕組みが出来上がっている。作り手が聞く耳を持っている

組織力強化の試みも多数ある。例えば、「5S活動」では本社と工場を数十人単位の「カンパニー」に分け、1人が「社長」としてリーダーを務め、その他社員と改善点を話し合う。こうすることで活動のモチベーションアップとともに、組織横断型コミュニケーションを促進し、風通しの良い組織風土づくりがなされている。

社会性――そもそも企業の思いとして貢献度が高い

ここまで述べてきたように、主力商材は小型汎用農業機械で、高齢化し作業で苦労している農家の人たちの手助けをしたいという思いから仕事の助けとなる製品を開発してきた。近年は、女性でも使いこなせる簡単操作の草刈機を開発するなど、**「困っている人を助ける」商材を提供することで企業として成長してきている。**

これらのことから、そもそも工進のビジネスそのものが、社会性の高いものだといえるだろう。

また、「製造業をやっているものの責任として、同じものづくりに携わる人を大切にしたい」という現会長の思いから、国内の工場では海外人材を積極的に受け入れている。

働く環境はクリーンな工場の中で、制服を支給し、駅からバスで誘導するなど、海外人材であっても処遇は日本人とまったく変わりがない。夏祭りの時などは、国籍に関係なく全員が楽しんでいる姿もうかがえる。

この企業から学ぶこと

●お客様と真っ正面から向き合う勇気

最近はメーカーの直販が増加していますが、工進の成長期にはまだまだ問屋依存、販売店依存体質が珍しくありませんでした。彼らはこれに甘んじることなく、**自らエンドユーザーとの接点を持とうとし続けてきた企業です。**「出荷するまでがメーカーの役割」ではなく、エンドユーザーに製品をお買い上げいただき、さらに製品を使用してはじめて気づいたことなどの意見を取り入れながら、お客様の「不」を探し、それを市場創造に結びつけることを常に意識しています。

さらに、製品の利用者だけではなく、**製品を利用することを諦めたお客様の声、つまり非利用者の意見も拾い、現在自社製品を使ってもらえていない人の「不」も把握する**ことで、新たな顧客層を創造しようとし続けています。

執筆：地方創生支援部　部長　中野　靖識

Chapter

07

グレートカンパニー
アワード 2017
ユニークビジネス
モデル賞

・手術・リハビリ 在宅診療まで 地域貢献

――医療法人くすのき会 新門整形外科・新門リハビリテーションクリニック

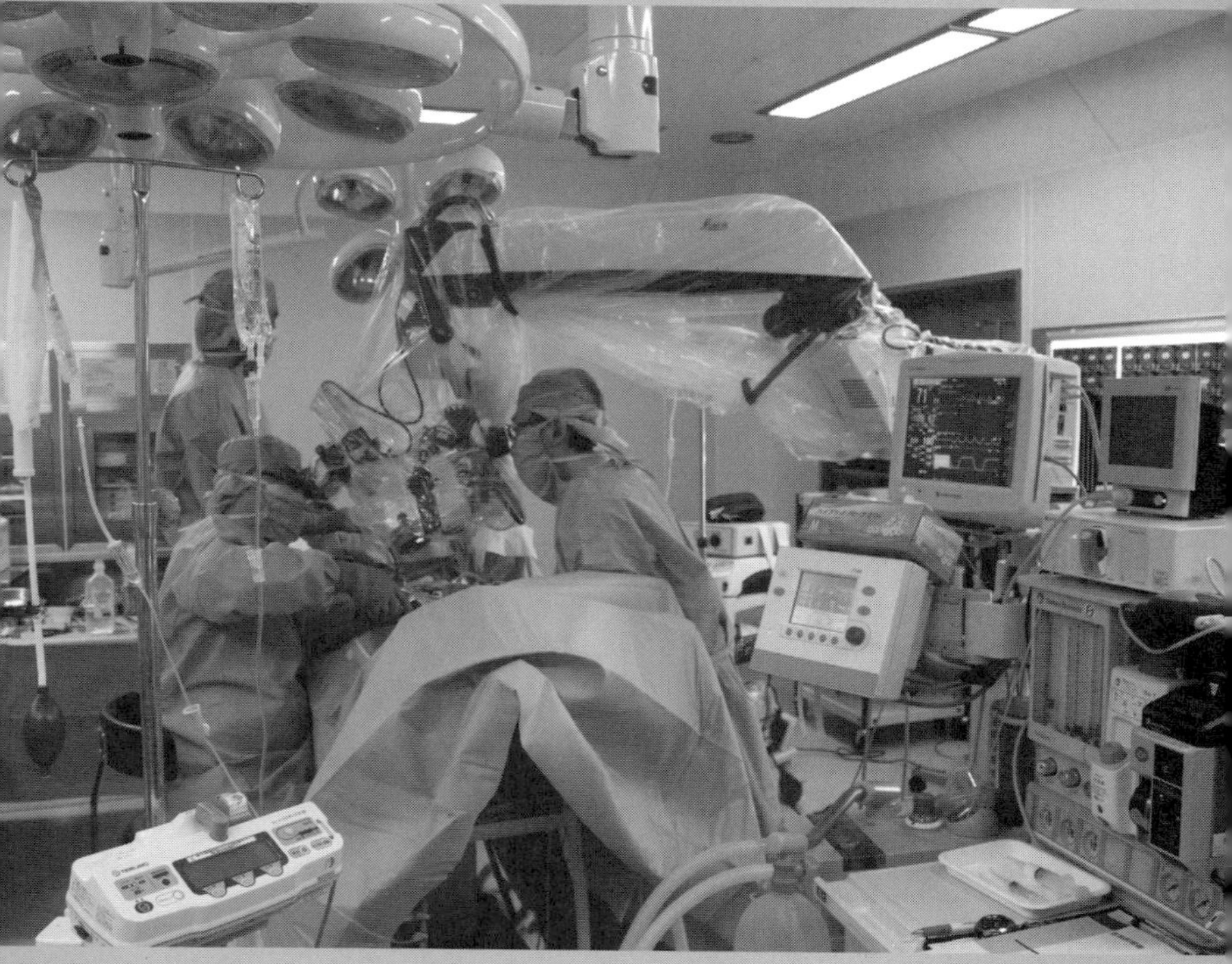

人口10万人の鹿児島県薩摩川内市で、開業以来20年以上も増収を継続。外来から術後のリハビリテーションまで整形外科領域のほぼすべてを網羅し、最新鋭の医療機器を導入、人材難にある地方でもスタッフをゼロから育て、大学病院レベルの診療を目標にしてきた。地域にとって唯一無二の存在となり、開業時の1人医師体制から、今や総勢160名を超える医療機関に成長した。

整形外科外来 そして介護・ワンストップで

秀逸なポイント

設備拡充と人財育成の継続で
整形外科領域すべてをワンストップ対応し
地域ナンバーワンに

□整形外科領域すべてのカバーを目指す

→　一拠点に集中することで患者の移動する負担がゼロ

□思い切った投資で最新鋭の機材を導入

→　地方小都市で大学病院レベルの診療が目標

□資格取得の推奨など人財育成に注力

→　管理部門との兼任もあわせマルチ人財を生む

企業プロフィール　医療法人くすのき会 新門整形外科・新門リハビリテーションクリニック

業務内容：医療・介護
所在地：鹿児島県薩摩川内市
創業：1997 年
代表者：新門裕三（整形外科医）
資本金：1000 万円
従業員数：約 165 名（非常勤医師含む）2019 年 5 月時点

業界の姿①医療機関運営の問題点——拡大したくてもなかなかできない

医療機関の最大の特徴は、医療保険制度に従って経営される事業であることだ。他の業界では、顧客の趣味嗜好が時流を変えていく。

しかし医療業界は、国がデザインする医療保険制度に従う＝国が作りたい医療体制に従うことが時流になる。そのため、国が指し示す医療の方向性をしっかり読み解き、先手を打ちながら経営の形をなすことが時流に適応した医療機関の実現であり、経営の安定につながるといえる。

医療保険制度に従う医療機関は、他の業界でいえば「商品と単価が決められたルールのなかでの商売」と表現できる。

医療の「商品」は治療であり、「単価」は診療報酬を指すが、どういう治療にいくら払われるかは2年に1度、国によって見直される。つまり、**医療機関は自分が行う治療の費用を決めることはできず、すべて国が決めた診療報酬のなかで商売をする**ということで、ここが他業界との一番の違いになっている。

人材面でも、他業界との圧倒的な違いがある。それは、医師・看護師や理学療法士などのリハビリ職といった有資格者と、受付事務など間接部門を担う無資格者が入り混じって働いているという点だ。医療機関の運営で難しいのは、

1 有資格者は引く手あまたなので定着させることが一層難しい
2 医療資格の有無によって給与面がある程度決まってしまう
3 労働集約型サービスのため、長時間労働になりやすい
4 職人気質の職員が多く、組織的な運営を行うための人材が不足している

2の問題点は、組織への貢献度ではなく資格によって給与のヒエラルキーが決まるため、職員一人ひとりのキャリアステップを明確に描きづらいことだ。

3は、例えば診療時間をすぎても患者が待っていれば診なくてはならない、また症状は個々の患者によって異なるので一人ひとり異なる診療の提供など個別サービスの提供になるため、労働時間の管理や労働環境整備が難しくなっていることを指す。

4の理由から、数字上経営状態が良くても、組織内部をみると様々な課題を抱えている法人が多いというのも医療業界の1つの特徴である。

以上がネックになり、法人を拡大したくてもなかなかできない事例が多くみられる。

業界の姿②整形外科の実態——手術療法ができるかはポイント

くすのき会のメイン事業は、「診療所」による「整形外科」領域の治療だ。

診療所とは、ベッドが20以上ある「病院」ではない医療施設のことで、1〜19床を「有床診療所」、0床を「無床診療所」と区別する（くすのき会は「有床診療所」）。

整形外科の治療は、「自分で動ける」あるいは「歩ける体であり続けること」が目的で、それを実現するために運動機能を司る部位の治療を行う。

主な治療法は、「内服・外用薬」「注射・点滴」「リハビリテーション」「手術療法」の4つで、大半の診療所は手術療法を除く3種を提供する。

4つのうちリハビリテーションには、2つの種類がある。1つは器械を使った物理療法で、昔ながらの診療所がよく行うもの。約4割の整形外科で受けられる治療だ。

もう1つは運動器リハビリテーションで、理学療法士や作業療法士などの専門職が患者に付き添い治療を行うもの。整形外科の2割ほどが、この運動器リハビリテーションをメインに提供しており、その大半が従業員数10〜30名規模の医療機関だ。

それに対し、ひと握りの診療所は入院施設を設け、リハビリテーションに加えて

「手術療法」を行っている。高度な手術を提供する場合は様々な要素が必要になる。

1 整形外科医、麻酔医
2 設置や設備維持に高額なコストがかかる手術室
3 MRI（磁気共鳴画像法）・CT（コンピュータ断層撮影）など最新の検査機器
4 術後の管理などに使う入院施設と施設に従事する人員

手術だけでも参入障壁となり、特に人工関節や脊椎手術等を行うのはかなりハードルが高い。これらの高度な手術を行う場合、従業員数が100名を超えてくるからだ。入院施設も調えるとなれば、当直等の業務もあって人員確保が非常に難しくなり、経営的な難易度は飛躍的に上がる。そのため、大半の診療所は手術を行わない。

そういった事情のなか、くすのき会は、無床診療所からスタートし、手術室を2つ増設、入院施設も設け、最新鋭の高度な手術を含む治療を地域で提供するクリニックとして進化してきた。

理念・ビジョン――社会性・収益性・教育性の3つを追求

くすのき会の経営は、創業者である新門裕三理事長が開業時から重視してきた次の3つのキーワードがベースになっている。

・100年企業の実現
・人財育成
・生成発展

実際、1人医師体制の無床診療所からスタートした同法人は、通所リハビリテーション・作業療法施設を増築。さらに病棟・手術室を増築して有床診療所になり、リハビリテーションクリニックをオープンするなど、大きな投資を伴う増改築を開業から20年の間に5回も行うことで施設規模・医療の幅とともに拡大し続け、スタッフ数も大幅に増やしてきた。

単に**事業を大きくし人員を増やしただけではなく、拡大を進めるなかで人財育成も**

同時に行ってきたことが1つの特筆すべきポイント。

開業当初から経営の柱と考えてきたのが「人」であり、人材ではなくあえて「人財」育成と表記しているのもその表れである。

資格の有無により業務内容・責任や権限が違ってくる医療業界では、無資格者は有資格者へ、有資格者はより高位の資格へ挑戦することが重要だが、同法人では資格取得を常に従業員に推奨し、従業員もそのために切磋琢磨する風土ができている。

医療法人とはいえ企業なので、利益は求めなくてはならない。しかし、目先の利益ばかり求めるのではなく、人を育てたその先にまた利益や企業の発展がある。同法人が目指す「100年企業」の実現は、次世代を担う人財育成なしには語れない。

企業経営の目的を突き詰めれば、社会性・教育性・収益性の追求になるが、人財育成を最優先し注力していく経営は、まさに「教育性」の追求を体現しているといえる。

また、**人財が育ち、収益が上がり、最先端の医療を法人に導入し、地域の患者様へ還元していく**。この循環を実現し続けることが、地域から信頼される医療法人として「社会性」と事業拡大による「収益性」を追求している姿なのである。

ビジネスモデル――国のニーズにも合った経営も実現

くすのき会の最大の特徴は、**外来診療から手術、リハビリテーション、介護事業を利用した在宅ケアまで、ワンストップで幅広い医療・介護サービスが受けられるよう拡張してきた**点にある。

「いつもお世話になっている新門整形外科に相談したら、どうにかしてくれる」という安心感は、地域に住む住民にとって心強い。

同法人がワンストップの体制を構築してきたのは、少子高齢化に対応する医療介護体制として国が掲げる、「在宅復帰」「地域包括ケア」という2つの方針を考慮したことによる。

国の方針を端的に言えば、「患者が自宅や自分が住む地域で最期まで自分らしく生き、尊厳を持って死を迎えるための医療体制を作ること」で、病院のベッドで最期を迎える患者を減らし、自宅で家族に囲まれながら旅立つ人を増やしていくことを目指している。

この方針を立てた背景には、40兆円ともいわれる国の医療費のうち、病院の終末期医療にかかる負担を減らしていきたいという国の思惑がある。つまり、終末期医療の負担を減らすため、地域のなかで治療を完結させたいという意味だ。

これを地域の医療機関の立場で見ると、地元密着かつ地元で循環をさせる業態を行うことが国のニーズにも合った経営ということができる。

さらに、近年は、自宅で家族に囲まれて最期を迎えたいという人が増えているため、国の方針に従うことが患者本人のニーズにも応えることになる。

それを踏まえて、くすのき会の事業を再確認すると、

・地元密着で顔が見える診療所
・大学病院並みの高度な手術を受けられるレベルの高い診療所
・通所リハビリテーションを中心とした介護分野でのサービス提供

この**3つをワンストップでカバーしている。**まさに、薩摩川内市での地域包括ケアを体現する法人となっている。

歩んできた道——施設の新築・増改築と人事戦略を絡み合わせる

くすのき会は、本格的な理学療法・作業療法と通所リハビリテーションを有する無床診療所の「新門整形外科」としてスタートした。

それが20年の時を経て、整形外科・神経内科・リウマチ科・内科・リハビリテーション科を標榜し、隣接する2つの有床診療所である新門整形外科と新門リハビリテーションクリニックを展開するまでに発展。人工関節や脊椎の手術など年間約700例の整形外科手術も行う。

さらに、通所リハビリテーションはもとより在宅療養支援診療所も開設し、医療から介護までをワンストップで行える医療法人へと成長した。

この20年の歴史を簡単にまとめると、最初の10年は「開業スタッフや患者とともに今のくすのき会の礎を築いた時期」で、有床診療所となった次の10年間は「手術開始に伴い、医師確保のため大学との関係構築や、地域一番の整形外科としてのブランドが高まっていった時期」だといえる。まさに生成発展を遂げてきたのである。

過去のトピックスをあげると、次のようになる。

1997年11月：【第1期新築】理学療法Ⅱの基準を取り通所リハビリテーションを併設した整形外科無床診療所として開院
1999年9月：医療法人くすのき会 設立
2000年2月：【第2期増改築】通所リハビリテーション棟増築・作業療法Ⅱ開設
2006年11月：【第3期増改築】理事長の整形外科医局時代の後輩である領木良浩医師を副院長として迎え入れ、手術室を備えた19床の有床診療所として再スタート

新しい整形外科医の法人参画が、有床診療所化、そして整形外科手術が可能な診療所へ発展する契機になる。

この増築では、理事長の大きな決断があった。新門整形外科に隣接していた理事長宅を取り壊し、医院の新しい敷地とした。法人の展開のなかでも大きなターニングポイントで、これを機に、従業員数、医業収入などの大幅な増加が可能になるとともに、より積極的な人材採用・投資を行うようになっていく。

2007年5月：【第4期新築】理事長の大学の後輩である加世田俊医師（神経内科

医 を院長として迎え入れ、術後の回復期リハビリと脳血管リハビリを行うことを目的に、新門リハビリテーションクリニックを19床の有床診療所として開院

2011年6月：鹿児島大学大学院医歯学総合研究科寄附講座　近未来運動器医療創生学講座「(医)くすのき会」を開講

鹿児島大学医学部との連携を強化し、湯浅伸也医師の派遣を受けることで、より法人の成長を推し進めることになった。

2018年4月：【第5期新築及び増改築】職員研修棟の新築及び外来棟の改築

新棟の新設とともに、MRI・CTの入れ替えや手術室の増設などを伴う大規模な改築となった。これにより、手術可能件数も飛躍的に伸び、次の5年の成長を実現するための先行投資となった。

さらに、新しい人事戦略として、同年3月に鹿児島大学整形外科教授を退官した小宮節郎医師を顧問・CLO（最高人財育成責任者）として迎え入れている。

収益性――猛烈なスピードで進化する医療技術や医療機器を常にキャッチアップ

くすのき会は、社会貢献のため「永続する医療機関」「100年企業」を目指すが、そのためにも無駄をなくし、合理的かつ効率的な経営を実践すること、その実践の先に収益が上がるという価値観を法人内で共有している。

その一方で、医療施設の整備や従業員教育など、より高いレベルの医療を提供するための投資を、ハード・ソフトの両面で実践してきた。

そういった経営スタンスが地域の患者から支持され、開業から20年もの間ずっと患者数は増加し、業績も順調に伸ばしている。

先述した施設の拡張も、患者数の増加に貢献している。具体的には、通所リハビリテーション施設、手術室、病棟、リハビリテーションクリニック、職員研修棟の増築と外来棟の改築などで、施設拡張に伴い、医療サービスの質向上とキャパシティ拡大を行ってきた。

なかでも収益にとって大きかったのは、診療報酬の単価が高い手術を行えるよう手術室を増設したことだ。

報酬は魅力だが、先述したように手術を行うかどうかは診療所にとって大きな決断になる。なぜなら、手術室や入院施設などの設備だけでなく、執刀できる医師ならびに麻酔医や手術担当看護師、さらに入院施設には24時間の看護体制を賄うだけの人員が必要になってくるからだ。

たとえ手術ができる体制を一度整えても、それだけでは増収を保ち続けることは難しい。それは、医療が日進月歩で進化しているからだ。

猛烈なスピードで進化する医療技術や医療機器をキャッチアップすることは、患者様にとって直接的な利益につながる。

言い換えると進化から取り残されれば生き残りが難しいということだが、最新技術を取り入れるには、最新の知識・技術を求める高い意欲を持つ医師や専門スタッフの育成が必要であり、最新機器の導入には大きな投資が必要になる。しかも、医師や従業員などの人材確保は難しく、事業拡大へのハードルは相当な高さになるだろう。

そのため、一度開業したあと、施設を拡張するために大きな投資を繰り返すことは少ないのが一般的だ。

くすのき会は、そうした医療業界の「常識」に果敢に挑戦し、患者数、手術数の継続的な増加を実現し続けてきたのだ。

持続的成長性――超高齢社会における医療制度の変化に適応する

100年企業を目指す、くすのき会は常に変化し、成長し続けてきた。先述した過去5回の大規模な増改築がその象徴で、拡張のたびに業績を大きく伸ばしている。拡張により業績を伸ばしてきたのは、国の目指す医療介護体制を正確に予見したうえでの設備投資をはじめ、患者に寄り添ったサービスの拡大、従業員の働きやすさ・ロイヤルティの高さを実現するマネジメント体制の構築など、攻めと守りのバランスがとれた経営戦略が功を奏したおかげだ。

今後のビジョンは、「地域包括ケア」を法人内で完結できるシステムの確立である。現在は、保存療法、手術療法や術後のリハビリ、通所リハ・訪問リハ、さらに在宅ケアが必要な場合の在宅診療までを行っているが、将来的には、**予防医学としてのメディカルフィットネス、救急医療、入所系施設などもカバーすることを目指している。**

今後さらに高齢化が進む日本では、医療制度の変更も続いていくと考えられるが、そうした変化に的確に対応してきたくすのき会だけに、国のニーズにも地域のニーズにも応え続けながら、医療法人として成長し続けていくと予想される。

人材吸引力——3つのポイントで安定成長を築く

くすのき会は、継続した法人の成長を念頭に置き、次世代を担う若い人材の確保を戦略的・積極的に行っている。長年、新卒の学生を中心に採用してきたが、2018年は理学療法士4名、作業療法士3名、医療事務3名、診療放射線技師1名、管理栄養士1名、栄養士2名、その他2名の合計16名という実績だった。

戦略的な採用を行うため、**医療法人では珍しく12名からなる人事部を設置し、ここで採用関連の業務を一手に引き受けている。**実習生（他業界でいう学生インターン）を毎年受け入れ、数週間になることもある実習の教育カリキュラム立案、歓迎会や懇親会のイベント企画、専門学校などで開く就職合同説明会への参加とその準備、各学校の就職課との定期的なコンタクトなど、細かなアクションを取り仕切っている。

新人の定着率向上のため、入職直後のオリエンテーションから現場配属後の教育ステップまで受け入れ側の準備を徹底し、できるだけ属人的な仕事にならないよう教育カリキュラム、キャリアステップも整えてきた。

新人以外の職員が長く勤められるような環境整備にも余念がない。

例えば、職人気質なリハビリ専門職（理学療法士・作業療法士など）はスキルアップのため3～5年で転職するケースが多いが、くすのき会は法人内で学び続けられる環境を用意し、長く働く意欲を持てるようにしている。

また、医療事務・看護師など女性の多い職種では、一般的に、産休・育休のタイミングで離職せざるを得ないことも少なくない。しかし、くすのき会では、資格取得の推奨（219ページ参照）や、医療部門と管理運営部門を同等に扱う人事制度（220ページ参照）を通じ、例えば短時間勤務でも法人に貢献できる部署へ配置転換するなど、**個人個人に合ったキャリアステップを用意できているため、**結果として女性スタッフも長く勤務できるようになっている。

近年も採用や人材定着のための取り組みは休むことなく続き、先述したように2018年には鹿児島大学名誉教授の小宮節郎氏を、CLO（最高人財育成責任者）として法人へ招くなど、教育体制の整備にますます力を入れている。

以上、「人事部を代表とした戦略的な採用アクション」「充実した新人教育体制」「ライフステージが変わっても勤務し続けられるキャリアステップ（役割・働き方）の整備」という3点が、くすのき会の安定した成長を支えてきたキーポイントといえる。

顧客満足度――「治して、次に何かあったらまたここに通いたい」

整形外科の患者層は、新患2割：リピーター8割で、新患の来院するきっかけも大半は既存患者のクチコミや紹介といわれる。要するにリピート商売である整形外科診療所は、継続して成長するため、既存患者の満足度を上げ続けなくてはならない。

しかし、近年は患者の満足が多様化し、医療の質だけでなく「接遇」「待ち時間」「治療などの説明」など**医院全体でサービス力を上げていく**ことが求められている。

また、満足度を上げ続けると、診療所に対する期待値も上がり、難症例の患者が増え、ニーズも多様化するなど、ますますハードルが上がっていく。

もう1つ難しいのは、医療の本分は患者の治療、つまり通院しなくていい状態にすることなので、**永遠にリピートさせるのは正しくない**、という事情もある。

こうした問題に対してくすのき会は、期待値の高い患者の様々なニーズに対応するため施設拡大や職員への教育でワンストップ対応を実現。さらに、延々通院させるのではなく、治して、次に何かあったらまたここに通いたいと思われる診療所となることで患者の満足度を保ち、開業から22年もの間、受診患者数が増え続けてきたのだ。

組織力――マルチタスクな人財の育成により経費抑制を実現

組織力で最大のテーマとしているのは、マルチな人財作りである。

これは、前述した資格取得の推奨とも関係する。その理由を、理学療法士（リハビリテーション専門職の資格）が看護師の資格を取得した事例で解説する。

理学療法士が看護師の資格を持てば、次のようなメリットが生まれる。

・看護師として手術の介助を行うことで、リハビリテーションの質向上にも役立つ
・病棟の当直で人手がほしい場合、新規雇用せず既存スタッフに担当してもらえる

手術の介助には看護師資格が必要だが、リハビリテーションの専門家である理学療法士が看護師資格を取り手術に同席することによって、外科治療の知識・経験をリハビリテーションの技術、質の向上に生かすことができる。

また、くすのき会のように入院施設がある医療機関では、当直として看護師が複数人必要になるが、昨今看護師の確保が難しいなか、看護師の資格を持つ既存スタッフ

を増やせば**新たな職員の確保をしなくて済む**。

２０１９年４月現在、くすのき会の延べ資格数は２４１で、そのうち入職後に取得をした数は１５４にのぼる。

くすのき会の組織力におけるもう１つの特徴は、すべての人財を生かす組織作りだ。

同法人では、下記のように医療と管理運営、２つの部門が作られている。

全職員が、医療部門と管理運営部門の両方に所属し、１人で２、３役をこなしている。例えば、医療部門で力が発揮できなくても管理運営部門で活躍の場を作るよう適材適所の配置を行うなど、長所伸展の人財育成を実現している。

また、医療業界では珍しく、**権限・責任・待遇のすべてにおいて医療部門と管理運営部門に差をつけないことにより、マルチな人財を育てる**ことにつなげている。

医療部門	外来診療部／病棟診療部／事務部／リハビリテーション部／介護保険事業部／栄養管理部
管理運営部門	福利厚生部／施設管理部／人事部／医療安全部／学術研究部／経営戦略部／デジタル事業部

社会性——事業を続けること、成長し続けること自体が地域貢献

医療そのものが社会性の高い業種といえるが、くすのき会では「100年企業の実現」を創業時から掲げ、事業を続けること、成長し続けることそのものが地域貢献ととらえ、事業拡大を行ってきた。

ただし、組織の成長だけではなく、「地域の患者に役立つ事業拡大」「地域のニーズに応えるための成長」という目標もバランスよく達成してきたことが、同法人ならではの特徴だろう。

地域の患者へ、最新・最高の医療を提供するための必要な投資を惜しまず、それを可能にする人財を育て、事業で得た利益を最終的には地域の患者へ還元する、という社会性・教育性・収益性の循環で、組織の成長と地域貢献を両立させている。

患者視点での取り組みとしては、地域の患者のニーズに合った事業の立ち上げ、できるだけ多くの人に医療介護サービスを提供するための体制作り、来院した患者に心地良くすごしてもらうための環境整備など数多くあり、地域のニーズに応える形で発展してきた点も社会性の高さがうかがえる。

この企業から学ぶこと

●企業の３つの使命にくわえて時代に合ったチャレンジ精神

くすのき会とは、２０１３年に、医療法人社団南洲会 有馬三郎氏からご紹介をいただいてからのご縁です。

新門理事長は、開業当時から弊社創業者である船井幸雄に心酔し、愚直に船井流を貫いて経営をしてきたそうです。

船井総合研究所が掲げる、企業の使命「社会性・教育性・収益性の追求」、**特に教育性である人財育成に主眼を置いた組織運営、それを20年間**続けてこられた、くすのき会の、人財レベルの高さやホスピタリティの高さは、全国様々な医療機関を見ても、私の中では日本ナンバーワンレベルだと断言できます。

また、**国の方針の変化、時代の流れを先取りし、時流に合わせて新しいチャレンジ**をし続け、大きな投資もいとわない積極的な経営姿勢、新門理事長をはじめ、それを支えるスタッフの皆様の情熱もダントツ経営のエンジンとなっているのです。

執筆：医療支援部　チームリーダー　上藤　英資

Chapter

08

グレートカンパニー
アワード2015
グレートカンパニー大賞

自由な発想で「暮らし」を支えるサポートカンパニー

――ジョンソンホームズ

家自体の性能や機能に重点を置くハウスメーカーが多いなか、住んでからの幸せな暮らしまでサポートし提供することを目指し、様々な事業を展開。家具店での家づくりセミナーや、一軒家カフェをショールームとした体験型住宅販売など、業界の慣習にとらわれない営業スタイルも数多く生み出し、縮小する市場のなかで成長し続けている。

型にはまらない「末永い幸せなトータルライフ

秀逸なポイント

独自の手法で購入時の顧客の不安を払拭。
建てたあとの暮らしを重視し事業を展開

□定額制注文住宅の導入

→　不明瞭な注文住宅の価格への不信感を解消

□わずらわしい住宅展示場以外での住宅販売を実施

→　家具店での家づくりセミナー、一軒家カフェをショールームとした体験型住宅販売

□引き渡し後、「ジョンソンレディ」を３カ月に１度派遣

→　不具合や要望の吸い上げ、暮らしやすくなる情報の提供

□ワークショップ運営や各種イベント開催

→　トータルライフサポートカンパニーを体現

企業プロフィール　株式会社 ジョンソンホームズ

業務内容：住宅の設計・施工、リフォーム工事の設計・施工、不動産の売買および斡旋、インテリア商品の販売、レストラン運営、英語学童保育など
所在地：北海道札幌市西区　創業：1987 年
代表者：山地章夫
資本金：5000 万円
従業員数：311 名（2019 年２月時点）

業界の姿①住宅業界の概要――約8割を超大手以外の4万社近くで分け合う

住宅業界の市場規模は10兆円ともいわれるが、新設住宅の着工戸数は1990年に170万戸を超えていたものの、2000年に約122万戸、2010年にはおよそ81万戸まで減っている。

2010年以降はやや盛り返し、2018年では94万戸まで増えてはいるが、人口減少に伴い2030年頃には新築戸建て市場で20％は縮小すると考えられている。ここ数年は、増え続けていた世帯数が減少に転じることで住宅の供給過剰状態が加速すると予測された「2019年問題」が、業界を超えて話題になった。

プレイヤーの数も、減少傾向が続く。1990年代に10万近くあったハウスメーカー・工務店は4万ほどにまで減ってしまった。

近年、大手を中心とした企業統合やM＆Aによって業界再編がなされ、巨大企業と中小零細企業の二極化が進み、大手は都心部中心、中小零細は地方中心という色合いが強くなっている。

販売する住宅のカラーも、二極化が進んでいる。

1つは、主に大手企業が手がける高級路線。建物自体の高級感はもちろん、オプションも豪華ラインナップをそろえ、耐震性や省エネなどの機能性も充実している。もう1つは、ローコスト住宅。ユニットバスやキッチンの機能をシンプルにすることで、価格を抑えられるので、地方のボリュームゾーンである世帯年収400万円前後の若年層子育て世帯には人気が高い。

ジョンソンホームズは両者の間に位置し、世帯年収といった画一的な側面ではなく、ライフスタイルに応じたブランド展開をすることでラインアップをそろえている。

住宅市場のシェアは、超大手ハウスメーカー8社で全体の2割前後を占める。つまり、残りの約8割を超大手以外の4万社近くで分け合っているということだ。

規模別にプレイヤーを分けると、トップは超大手8社、その下に年間50棟ほどの着工数がある「ビルダー」が800社ほど。さらに下には年間10棟、20棟レベルのいわゆる工務店クラス、という3層で成り立っている。

ジョンソンホームズは地域の「有力ビルダー」と呼ばれる立ち位置にいる。全国的に戸建て着工数がどんどん減っているなか、同社のそれは年間300棟を超え、札幌地区で第2位という実績を上げている。

業界の姿② 業界の課題——苦難の条件がそろうもののとらえ方次第では成長のチャンス

様々な事業を営むジョンソンホームズだが、核となるのは一戸建ての注文住宅の施工・販売だ。

現在、一般的な戸建て注文住宅に力を入れて販売している業者は減り始めており、消費増税後の戸建て需要の減少を視野に入れ、新築事業単体で成長を考えている企業はほぼないといっていいだろう。全体的に着工戸数が減っているなか、伸びているのはリフォーム事業。大手企業などでは店舗や倉庫といった住宅以外の建物に注力しているところもある。注文住宅の需要が減った分をほかの事業で補う形だ。

注文住宅の需要が減っているのは、中古のリフォームに流れているほか、建売住宅が伸びているという事情もある。

土地から開発し、同じ仕様の住宅を土地とセットで販売する分譲住宅を主力とするメーカーは、近年勢いを増してきた。

こうした事情から、注文住宅の販売の現場では、次のようなことが起きている。

ほかの事業に人材を異動 ↓ 営業のエース不在 ↓ ますます売れない

明るい材料が少ないように思えるが、とらえ方によっては伸びるチャンスでもある。市場の縮小は深刻だが、プレイヤーも減っているため1社あたりのマーケットはそれほど変わらないと考えられる。むしろ、ここで生き残ってチャンスを生かせば、業績を伸ばすことも可能だろう。

では生き残るためには何が必要かというと、やはり「人」を大切にすることに尽きる。**住宅を購入する顧客はもちろん、従業員も大切にする企業ということだ。**住宅販売は、営業マンの数と売上が連動する。生産年齢人口の減少で人手不足が叫ばれるなか、人材を確保するためにも社内の「人」についても考えなくてはならない。

住宅の性能ばかり追い求める住宅業界にあってジョンソンホームズは、「人」を重視する姿勢を貫き、北海道ナンバーワンビルダーに成長した。

理念・ビジョン――「主体性と発言量は比例する」を実践する

ジョンソンホームズが掲げる理念は、次の7つ（同社ホームページより抜粋）。

01　幸せな暮らしを増やす

すべての人が暮らしのなかに楽しみや幸せを見つけて、自分らしく生きるコトを提案。「生き生きとした」笑顔があふれる家族を増やしていく。

02　自分らしく生きること

自分らしい生き方のお手伝いをしたい。それぞれの価値観に合わせて「その人らしさ」を提案していくと幸せな思い出は増えてくるはず。家族の思い出がたっぷり詰まった暮らしをつくっていく。

03　あなた想いであること

お客様の「自分らしさ」を表現するために存在しているからこそ、お話をたくさんしてどんな些細なことでも聞きまくる。関わりのあるすべての人に対して、「あなた想い」でありたい。かゆいところに手が届くような存在でありたい。

04 人とのつながりを大切にすること

「人のことを想うチカラ」を磨くように心がけている。自分に関わるすべての人がHappyになるためには、一生懸命その人のことを考えることが必要。友人のようにずっと付き合っていきたいから、親身になって、その人の幸せを考える。

05 常識にとらわれない自由な発想

誰かが喜ぶ・役に立つ事業を取り組んでいきたい。私たちにしかできない特別なことを常に企画し、先入観や固定概念にとらわれず「喜んでほしい」という想いを追求。

06 やりがいを持って楽しく働くこと

やりがいを持って楽しく仕事をしなければ、人を幸せにすることはできない。当社にはスタッフの個性が輝く活躍のステージがある。社内で意識的にほめ合うことで、力を最大限に発揮。まず、私たちスタッフが幸せになることを一番に考える。

07 社員みんなで会社を育てること

社内に委員会を設け、社員一人ひとりが「どうやって楽しい会社にしようか」を考え、企画を立てて実施。会社は「社員が育てるもの」。私たちは、全員参加型の会社経営を目指している。

見てわかるとおり、家づくりに関する項目は1つもない。すべて、住宅を購入する顧客や自社の従業員の生きがいや幸せをいかにつくるかという内容だ。

すばらしい家を造ることより、お客様に幸せになってもらうために存在する

というミッションステイトメントを掲げ、「いつまでも続く自分らしい幸せな暮らしを提供します」（同社ホームページより抜粋）と公言して、住んでからの暮らしを重視し、建てたあとのサポート体制を整えてきた。その象徴が、後述するジョンソンレディというスタッフの存在である（235ページ参照）。

こうした理念やミッションは社内でもかなり深く浸透している。

例えば、ジョンソンホームズ社内では、月1回ペースでミッションミーティングを行っている。また、毎朝の「朝会」でも、最近社員の身のまわりで起こったこととミッションを紐づけて当日の担当者3～4名がスタッフの前で話をし、自分たちの行動が企業の理念に沿ってきちんとできているかどうかを振り返る機会にしている。

ミッションミーティングは、会社単位だけでなく、ブランドごとにも行っている。理念やミッションについて話す機会が多いことが、浸透している理由だろう。

こうした会議運営は、「主体性と発言量は比例する」という大学との共同研究のなかで出た結論によって大幅に変えたという背景がある。

ビジネスモデル——「購入後の暮らしサポート」がさらなる付加価値を生む

ジョンソンホームズの販売方法で特徴的な点は、次の3つ。

1　定額制注文住宅
2　家具店での家づくりセミナー
3　一軒家カフェをショールームとした体験型住宅販売

1について、同社では定額内での「間取り変更し放題システム」を採用している。これによって、注文住宅における価格の不明瞭さを払拭した。

注文住宅価格は、プランを立てて材料費や人件費などを積算し、トータルでかかる原価に利益を乗せて算出される。例えば、「2階を3部屋から4部屋にしたい」などと変更が出れば、そのたびに営業マンが事務方に変更点を伝え、原価から算出し直し、数日後に修正見積もりを持って顧客と再検討する、ということを繰り返すのが一般的。

確かに、変更があれば見積額も変わる。しかし、最終的な収益にそれほど差はないし、そもそも見積もりを出したからといって、必ず販売に結びつくとも限らない。

それならば、一定の利益率ラインをはみ出さない限り多少間取りを変更しても同じ価格にしたほうが、顧客も営業マンもわかりやすいし、事務方の労力も格段に減る。

2と3については、「注文住宅は住宅展示場で見て買うもの」という業界の常識を覆した画期的な販売法だ。

暮らしにはもちろん「家」というハード面は重要で、気密性の高さや省エネなど高機能を売りにするハウスメーカーも多い。しかし、現在の建築基準法をクリアした建物ならば、まず、日々の暮らしに支障はない。それよりも、**実際の暮らしではソファやテーブルなどの家具が重要、という視点から考えられたのが2や3のような販売法だ。**

ここまでは販売方法の特徴をあげたが、実は同社のビジネスモデルとして突出している部分は、「すばらしい家を造ることより、お客様に幸せになってもらうために存在する」というミッションステイトメントに沿った、購入後の暮らしサポートにある。

それを象徴するのが、**ジョンソンレディという女性スタッフの存在だ。**

通常、住宅購入後に「お風呂が水漏れした」などと不都合が出れば、住宅会社のメンテナンス部門や、近所の工務店・各専門メンテナンス会社に連絡をとる。

同社ではジョンソンレディが3カ月に1回各戸を訪問し、トラブルの確認や、より快適に暮らせる提案をしている。暖房や換気システムの使い方、見栄えのするガーデニングの工夫などの「暮らしの知恵」を提供してくれると、顧客から定評がある。

「ライフスタイル倶楽部」も、暮らしサポートの一環として運営されている事業の1つ。住宅オーナー向けにリース作りや家具のDIY教室といったワークショップを開催するほか、夏祭りやハロウィンパーティーなど季節イベントも毎回好評だ。

事業の多角化も、トータルライフサポートの思想があってこそだろう。

ジョンソンホームズでは、住宅の施工や不動産業のほか、リフォーム事業やインテリアショップ、カフェの運営も行っている。業績だけ考えれば、利益率の高い住宅の施工・販売や不動産業に集中するのがベスト。リフォームはまだしも、家具を売ろう、カフェをやろうという住宅業者はまずない、と言っていい。これも、自社のミッションがすべての中心としてしっかり根を下ろし、そのミッションを体現するため必要と全社で感じているからこそできる事業だ。

「建てて終わり」という企業が多いなか、「建てたあとのほうが重要」と考え事業を展開。その思想が顧客に付加価値として浸透し、急成長につながったと考えられる。

ビジネスモデルの特徴は購入前後で一気通貫、「快適さ」を提供することにある

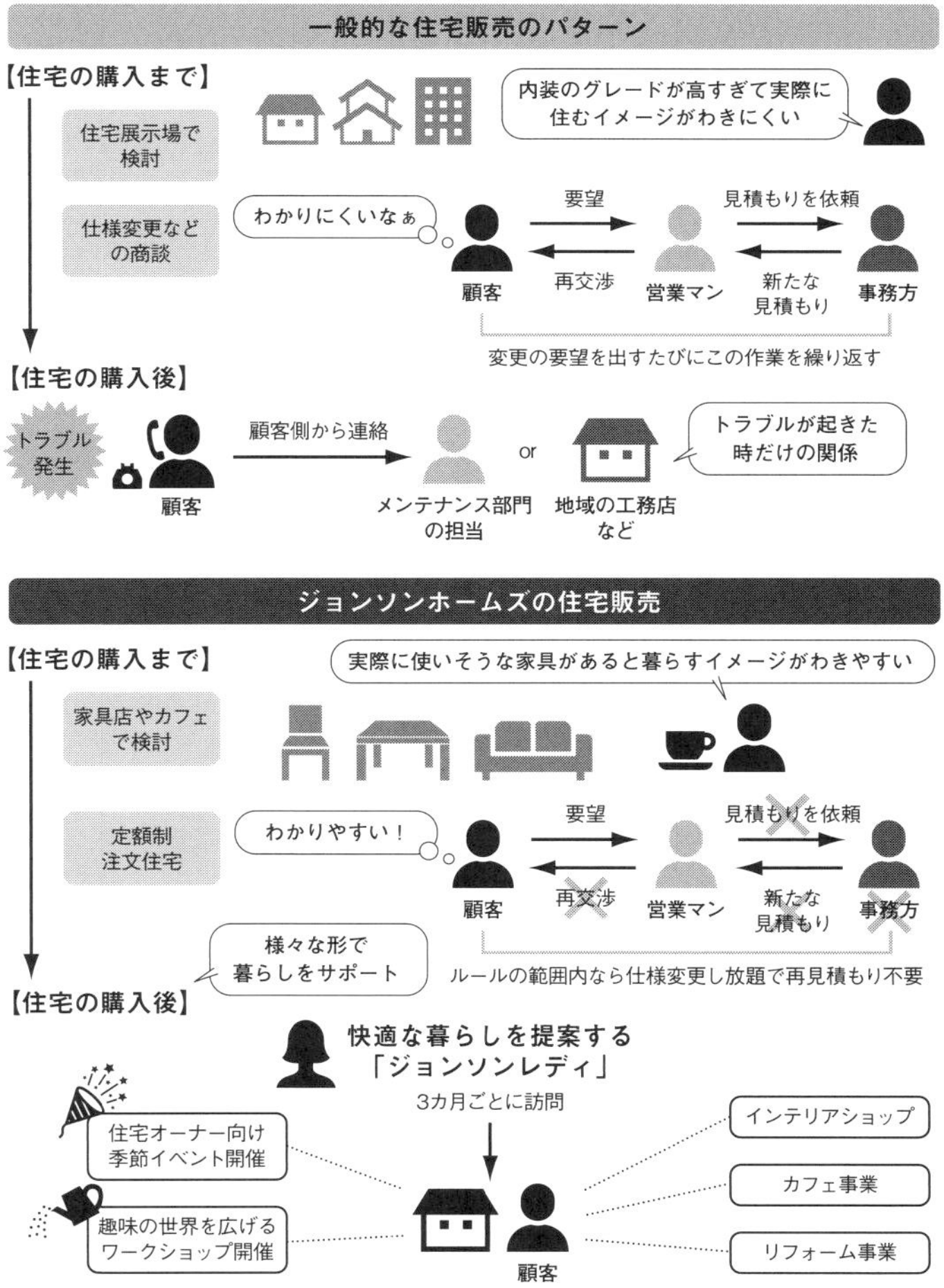

歩んできた道——数回の事業展開を図り拡大継続

のちにジョンソンホームズ創業者となる山地章夫氏は28歳の時に実家の建材卸問屋に入職する。当時、本業である卸売業の経営不振を補うため、新規事業のホームセンター経営を任されるが早々に頓挫し撤退。この時から、「向いていない」と思ったら深みにはまる前に意思決定することを意識し始めた。

1987年、山地氏は輸入住宅ビルダー・ジョンソンホームズを設立。代表取締役に就任する。社名の由来は、米国ワシントン州の建材輸出商社で山地氏が取締役を務めていた「ザ・ジョンソングループinc.」から。

時流に乗って輸入住宅販売が順調に推移するなか、新規に立ち上げたレンタル事業の運営がうまくいかず、イベント専門のレンタルへと方向転換。業績はV字回復し、後年はイベントプロデュースも行う「アンカー」という会社へ進化する。ここで山地社長は、「こうすれば企業はよみがえるのか」と気づいたという。

現在のヤマチユナイテッドグループがとっている連邦制へとつながる持ち株会社化

を1996年に実現。同じ年に北海道拓殖銀行が破たん。旭川、苫小牧、盛岡の支店を閉め、社員数も175名から75名までに減少する。

2000年、新規事業の輸入住宅フランチャイズシステム「インターデコハウス」ブランドを全国展開スタート。従来の半額にチャレンジし、2年目から軌道に乗せる。

2002年にリフォーム事業を立ち上げるなどグループは成長軌道に乗り、年商、事業数、従業員数のいずれも増大するが、2004年に叔父の経営する工務店でクーデターが発生し、再建に乗り出す。

工務店の再建をきっかけに、輸入住宅ジョンソンホームズのツーバイフォー工法と、日本の在来工法の技術を組み合わせた新たな住宅ブランドを続々と生み出す。

2007年にはインテリアショップのアクタスとパートナーシップを結び〝インテリアと一緒に考える家〟をコンセプトにした「in ZONE DESIGN LABO」、2009年にはナチュラル&スローがテーマの「ナチュリエ」、価格を抑えたコンパクトハウスブランド「コーズィ」を発表。

新ブランド立ち上げの真っただなか、2008年のリーマンショックによる影響をまともに受け、高級輸入住宅の終焉と相まって初の赤字を出す。

賞与カットやリストラを経て、これまでの事業を見直し一から出直す覚悟でトータルライフサポートカンパニーへの転身を図る。

輸入住宅で成功した同社だけに、新ブランドの導入には反発もあった。しかしその後、新ブランドのヒットで業績は急速に回復。反発の声も収まった。

その後も事業の多角化は進み、グループ会社のヤマチコーポレーションでは、機能訓練専門デイサービス「きたえるーむ」の全国フランチャイズ事業が始まる。

２０１２年から定額制注文住宅スタート（２３４ページ参照）。さらに、２０１５年にはカフェレストラン事業「インゾーネテーブル」オープン。従来の、「注文住宅は住宅展示場で選ぶ」という概念を覆す。

60周年記念事業として２０１８年、ジョンソンホームズのフラッグシップショップ「The JOHNSON STORE」が札幌の中心地にオープン。

２０１９年時点で、グループ全体の事業数は50を超え、目標である「100VISION（１００事業、１００人の事業責任者創出）」に向け、今後ますます拡大していく予定だ。

収益性――長期的な視野に立った2つのポイント

ジョンソンホームズの収益の中心は住宅販売事業で、「コージィ」ブランドを中心に札幌地区で第2位の新設着工数実績を持つ。そして、販売する住宅そのものの利益率が非常に高いことが、業績好調な最大の理由だ。

販売する住宅の利益率が高いのは、高級家具販売事業や、建てたあとの暮らしサポートといった付加価値があることが第一のポイント。そしてもう1つのポイントは、競合よりも販促費を手厚くしていることにある。

通常は、販売実績を上げるための手段として、営業マンへの歩合を手厚くするケースが多い。1軒売れたら大きい歩合を渡し、少しでも多く売るという営業マンの意欲を高めるということだ。

しかし同社では、**販促費をかけることで集客力をアップする。顧客がたくさん集まればそれだけ、新人クラスの営業マンでも売りやすくなるからだ。**これは、「営業マンへの歩合を抑えたい」という発想ではなく、販促費にお金を使うことで、若い世代の生産性を高めること、育成を進めることにより収益性を上げるという考え方による。

持続的成長性――「100事業、100人の事業責任者創出」構想

持続的成長を支える大きな要素は人材採用。どの業界も人手不足で住宅業界も例外ではないが、同社では採用したい人材の確保が他社に比べて容易になっている。

その理由は、事業の多角化にある。現状、50以上の事業を立ち上げているが、将来的には「100事業、100人の事業責任者創出」を掲げ、立ち止まることなく新規事業に取り組んでいる。このことが、**新規事業を自分の手でやってみたい、経営者を目指したいという人にとって魅力になり、企業成長の原動力になっている。**

また、経営権限と責任を現場に移譲する「自律型システム経営」を採用し、さらなる多角化、ひいては事業拡大を自動で行えるようにしている。

同システムのベースとして同社では、**採用と人材育成には特に力を入れている。**その代表的な例が、「フレッシャーズキャンプ」で、目的は、新規事業計画を作れるレベルに育てること、経営者感覚を身に付けさせることにある。同社での勤務経験を1年も積めば、誰もが生き生きとプレゼンテーションできるまでに成長する。

人材吸引力――事業単位でも「全員参加型経営」を実践

給与・待遇面は業界平均を上回るが、**ものやお金が人をひき付けるというより、働く満足度の高さが同社の魅力となっている**。ここでいう満足度の高さとは、前述した、将来「100事業、100人の事業責任者創出」を目指すことと関係が深い。

採用では一般に、自社の理念・ミッションに共感する人、成長意欲のある人材をいかにとるかと考える。その点、ジョンソンホームズは、「やりがいを持って楽しく働くこと」「社員みんなで会社を育てること」など従業員に向けた理念を掲げ、新規事業をどんどん立ち上げて将来の経営者を育てる、という意思表明も明確。そのため、優秀層の新卒採用が実現できている。

若手もベテランも関係なく、やりたいことをやる。それができるのも、事業を多角化している同社ならではだ。「全員参加型経営」をモットーに、増える事業のその中で社員が主体的に経営参加して一人ひとりが個性を発揮して輝くようにすることを社是としている。そのため、各事業の事業計画を全員参加で作成し、事業のコンセプトもスタッフが作っている。

顧客満足度――年1回開催する夏の大イベントでは記録的な参加者数

もともと建てたあとの暮らしサポートを重視している企業だけに顧客満足度が高いのは容易に想像できるが、それを体現している1つが、同社の委員会主催で毎年行われる「ジョンソン夏祭り」。

ジョンソンホームズで住宅を購入した顧客対象の感謝祭で、**顧客とスタッフとの親交を深め、現状の住まいに不満はないか、困っていることはないかなどをお聞きする機会にもなっている。**

通常、こうした季節イベントは単年参加で終わりがちだが、同イベントは毎年参加者が多く集まり、繰り返し参加しているオーナーも少なくない。リピーターが多数参加する恒例イベントとして定着しており、2018年は2157名が参加した。

さらに、2016年に行われた「オーナー感謝祭　ハイタッチ世界記録に挑戦」では1600人が参加。3分間にリレー形式で455回のハイタッチを達成し、世界記録を打ち立てた。

組織力――経営理念・ビジョンが採用から育成まで徹底・浸透

ジョンソンホームズが所属するヤマチユナイテッドグループでは、リスク分散による経営安定、何よりシナジー（相乗効果）によって企業を加速的に成長させるために事業の多角化を図っている。各事業は、独立採算制をとることでそれぞれが成果を追求し、その成果が企業全体として大きな成果をもたらし、現在のような発展を遂げた。

メリットの多い多角経営だが、各事業の独立性が高いため、ともするとそれぞれの事業担当が自事業の利益のみ追求し組織の縦割り化が進む恐れもある。

そこで、グループ全体が1つの組織としてまとまるよう、同社では、持ち株会社制へ移行するためのホールディング会社設置、グループ横断の会議や委員会設置など様々な機能や制度を取り入れてきた。

しかし、強固な組織力が生まれた最大の要因は、経営理念・ビジョンが末端のスタッフにまで浸透している点にある。**ミッションミーティングなどの共有機会を設けるのはもちろん、理念・ビジョンに共感した人材を採用している**ことが、強い組織力を作り出していると考えられる。

社会性──事業の多角化を通じて最終的には地方再生に貢献

同社が所属するヤマチユナイテッドグループでは、次のミッションを掲げている。

世の中に、幸せをばらまく

これは、グループ全体で、事業を通じて「人を幸せにする企業になる」との思いを込めて作られたミッションである。

そもそも「１００事業、１００人の事業責任者創出」というのも、地元企業が元気に頑張ることが地域の活性化につながるという考えのもとに考え出された目標だ。

事業を多角化することで企業全体が成長するとともに、**自社だけでなく顧客、協力企業、地域社会の全員が幸せになれる未来を実現する**という大きな願いがここには込められている。

また、多角化経営では多様な人材を必要とすることから、幅広いジャンルでの雇用を生み出して地方創生に貢献している、という点も同社ならではといえる。

この企業から学ぶこと

●常識にとらわれない発想で業績を上げる数少ない個性的な住宅会社

「素晴らしい家を造ることよりも、お客様に幸せになってもらう」というミッションと、それを実現するための取り組みというのは競合住宅会社にはない思想で、この思想に共感したお客様と契約することで、結果的に新人でも販売が容易になり、顧客満足度は建てたあとに上がっていく、という仕組みを作っています。

こうした、**個性的なミッションと連動した取り組み**は、これからの採用難時代において、共感型人材を採用していくうえでは欠かせない要素といえます。

さらに、新卒が積極的に経営に参画する「全員参加型経営」などは、同業だけでなく、業界を超えた企業経営者の方が視察に参加されるほど秀逸です。

これから住宅業界の市場が縮小していくなかで、事業の多角化をさらに推進していく計画ですが、既存主力事業の新築事業は、持続的成長を続けるためにも積極的なチャレンジを続けていかれる予定です。

執筆：ＨＲＤ支援本部　部長　宮内　和也

本書のまとめ

これからの時代を生き抜く優秀ビジネスモデルの条件

最後に優秀なビジネスモデルの条件・作り方について解説する。ここまで解説してきた、8社の事例に触れながら。弊社が様々な優秀企業の事例研究を通じて開発した「ビジネスモデル診断」（3つの分析、12項目）を項目別に説明していく。「明日のグレートカンパニーを創る」ためにも、ぜひ貴社のビジネスモデルの磨き上げに活用していただきたい。

「グレート」と称される企業創りを目指す

船井総合研究所の経営コンサルタントは日々の経営支援業務を通じて、中小企業の勝ち残りの正しい姿、あるべき経営は「おそらくこういう形なのだろうな」と考えてから、企業の成長シナリオを作る思考スタイルを持っています。

それは**まず最初に、経営に取り組む時、社会に貢献するために我々の事業はあるのだという哲学と強い意志を持つ**こと。そのうえで原理原則を大切にしながらも、自社の強みを反映した商品やサービスを時代に合わせて、さらに研ぎ澄まして、集中的な差別化を実現する。そして時流の変化を敏感につかみ取り、その時流にどう上手に乗るのかという視点でビジネスの創意工夫を考える。さらにその先には永続企業を目指し顧客、社員とその家族、社会からも愛されるグレート（とてもすごい、とっても素敵）と称される企業創りを目指すという形です。

それは本書で紹介した8つの企業の基本的な取り組み姿勢、考え方、歩いてきた道などから感じとっていただけたと思います。

当初グレートカンパニーアワードの審査にあたっては、そのような思いをベースに審査員の投票により優秀企業・ビジネスモデルを表彰していました。アワードも回を重ねるなかで多数のノミネート企業の分析を通じノウハウも蓄積され、現在では独自開発した『経営品質診断』と呼ぶツールを利用し一次審査から二次審査に進む企業を選定しています。

そのうえで二次審査では、より深く詳細にビジネスモデルの特徴と直近のビジネスの状況を説明した資料でプレゼンが実施され、理解を深めた後に審査員投票にてその年度の優秀企業を選定し表彰企業を決定する形に進化しました。

このような背景から優秀ビジネスモデルの条件を説明するにあたり、アワード審査で活用している『経営品質診断』を解説していこうと思います。

「5つの視点」は高収益化を目指すための基礎的要素

『経営品質診断』の発想は近年、金融庁が金融機関に求めている〝融資に際し、最重要で取り組むべきこととする事業性評価〟とも類似する考え方を持っています。つまり企業が稼ぐ力を有しているのか、そしてそれは正しいビジネスの姿で将来にわたっても有望なものなのかどうかを見極めるものとなっています。そのため本章の説明は

経営者のみならず金融機関の融資担当者の方々にも役立てていただける内容であると思います。

船井流の『経営品質診断』は、**「業績」「ビジネスモデル」「社会性」「顧客満足度」「組織力」**の5視点における「現在の姿」と「今後成長するために必要なアクション」を可視化させるための診断ツールです。

この5視点はグレートカンパニーの定義とリンクしており、企業が高収益化を目指すための基礎的要素でもあります。診断内では重要項目別に細かくチェックする形式をとっています。

診断では以下の5つの視点・領域を評価しています。

財務評価
ビジネスモデル評価
社会性評価
顧客満足度評価
組織力評価

『経営品質診断』の5つの領域の評価点を高めていけば独自性の高いグレートカンパ

経営品質診断・診断視点

経営品質診断では、企業の経営品質を以下５つの視点で評価する。事業の運営結果である業績評価はもちろん、業績評価に影響を与える要素である「ビジネスモデル」「社会性」「顧客満足度」「組織力」の視点からの評価も行うことで、診断企業の「強み」「課題」を「見える化」させることが可能

① 財務評価

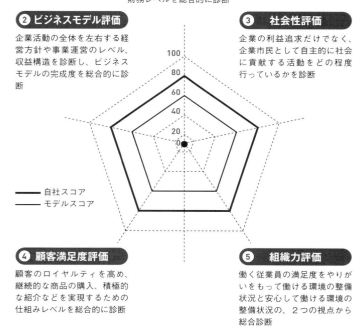

総合的成果を表示する財務諸表をもとに、経営の収益性、成長性、生産性、安全性等の財務レベルを総合的に診断

② ビジネスモデル評価

企業活動の全体を左右する経営方針や事業運営のレベル、収益構造を診断し、ビジネスモデルの完成度を総合的に診断

③ 社会性評価

企業の利益追求だけでなく、企業市民として自主的に社会に貢献する活動をどの程度行っているかを診断

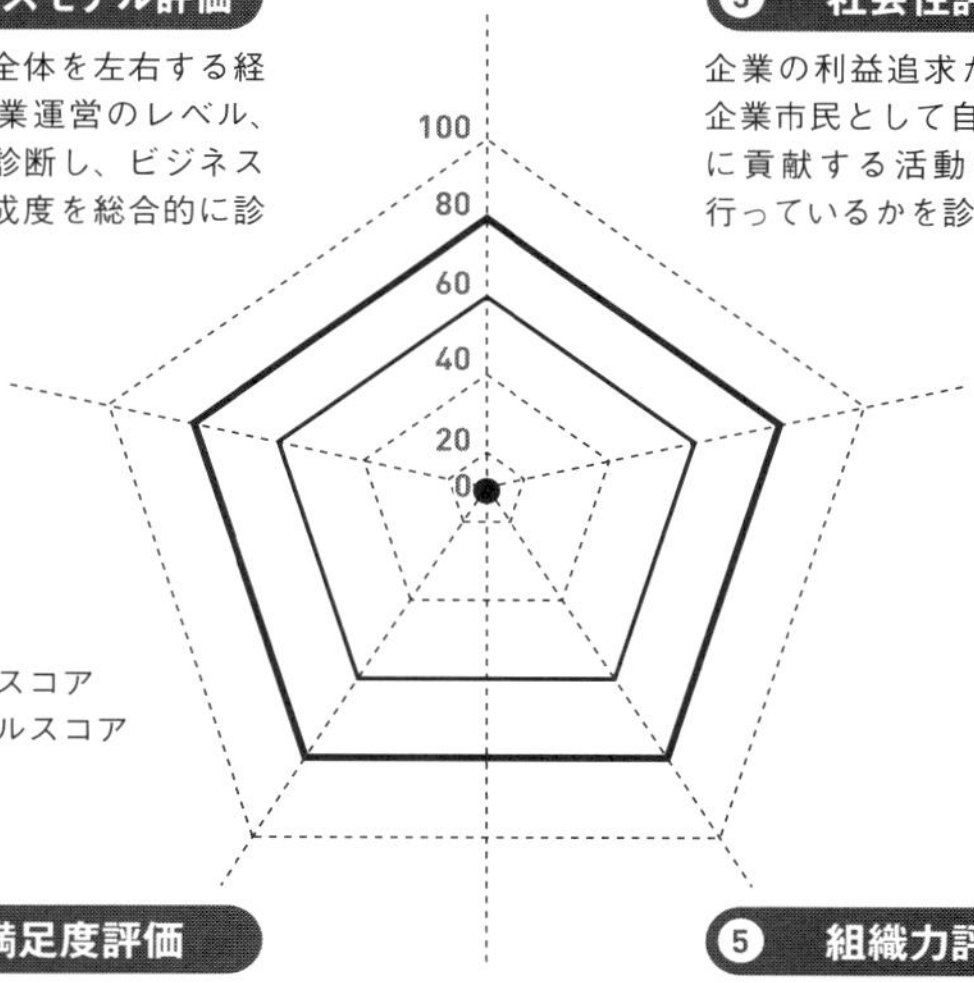

④ 顧客満足度評価

顧客のロイヤルティを高め、継続的な商品の購入、積極的な紹介などを実現するための仕組みレベルを総合的に診断

⑤ 組織力評価

働く従業員の満足度をやりがいをもって働ける環境の整備状況と安心して働ける環境の整備状況の、２つの視点から総合診断

ニー創りにつながっていきます。ただ**本物のグレートカンパニーを目指すためには自社なりの哲学を持ったうえで、この5つの領域の正しい押さえ方・手順が必要である**と考えています。

より狭属性マーケットで突き抜けた一番化を実現

中小企業の場合は専門化を進め、大手に飲み込まれない、包み込まれない弱者の正攻法と呼ばれる戦略を経営の中心に据えることが重要ですが、船井総合研究所では、より狭属性マーケットで突き抜けた一番化を実現することがその状態を作り上げる一番の近道の方法と考えています。

この狭属性一番化の発想は中堅・大手企業でも重要であり、グローバルニッチトップ企業の強みなどで解説される考え方とよく似ているのかもしれません。**簡単には真似ができない分野での圧倒的に突き抜けた一番化を実現しビジネスモデル強化に取り組むこと、**財務体質の強化に取り組むこと、それが中小企業のグレートカンパニー化を進めるうえでのファーストステップになるわけです。

そしてビジネスを発展・進化させるうえで重要なことは次に従業員満足とカスタ

マーサクセスを意識することです。これは常日頃から顧客満足や顧客自身のビジネス、体験を上質化させることが重要だと考えねばなりません。その考えのもと経営者・従業員が一体となり商品、サービスの品質向上に全力で取り組める環境が作られていけばよいのです。これがセカンドステップです。

そして最後のサードステップとしては、**地域社会や国家の発展に貢献し、尊敬されるような行動を展開していく段階まで企業の力を高めていきます。**地域社会や国家のお役に立ち続けることができる企業は、より企業の永続性が高まることは間違いありません。

そのためには高い志が求められ、企

船井総合研究所が描くグレートカンパニー創りのストーリー

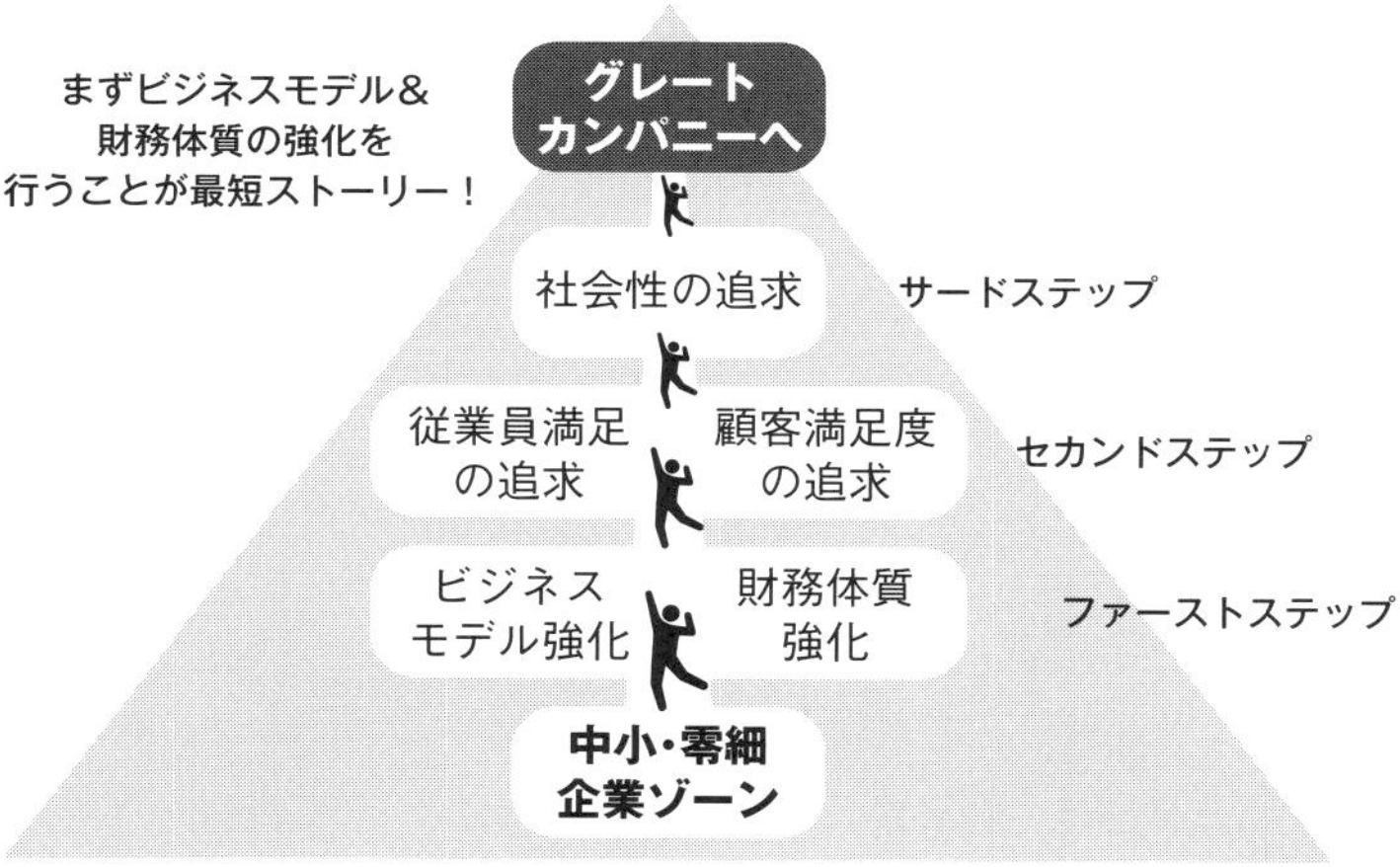

業の理念とビジョン、経営者の哲学が強く関係してくることは言うまでもありません。

3つの分析、12項目の充実度

次に『経営品質診断』の中核の『ビジネスモデル診断』に光を当て、船井総合研究所のビジネスモデル評価の仕方について詳しく説明します。

1　収益性

①時流適応／②一番ブランド商品発想

③粗利最大化／④投資・経費の選択と集中

2　持続的成長性

⑤ストック型収益構造／⑥仕組み化・標準化

⑦経営資源の調達・持続性／⑧持続可能性を見据えた準備

⑨事業の社会性

3　人材吸引力

⑩採用／⑪育成／⑫定着

『ビジネスモデル診断』の12項目のなかにはさらに細かなチェック32項目があり、そのチェック項目別の取り組みレベルを判定する基準を4段階設定して点数化するような構成になっています。

そして重要度別にウェイト付けされ、企業全体、３つの分野、12の項目別に指数化される仕組みです。さらにビジネスモデル診断の実施企業全体平均値との比較、同業種企業の診断実施企業との平均値との比較ができるように、データを積み上げており、診断実施回数が増えるごとに自社の現在の立ち位置に対する評価がより客観的に浮き彫りとなるように設計されています。

さらに業種別専門コンサルタントが蓄積してきた経験による目利きとの差異、違和感を加味して設問内容、評価

ビジネスモデル診断の考え方

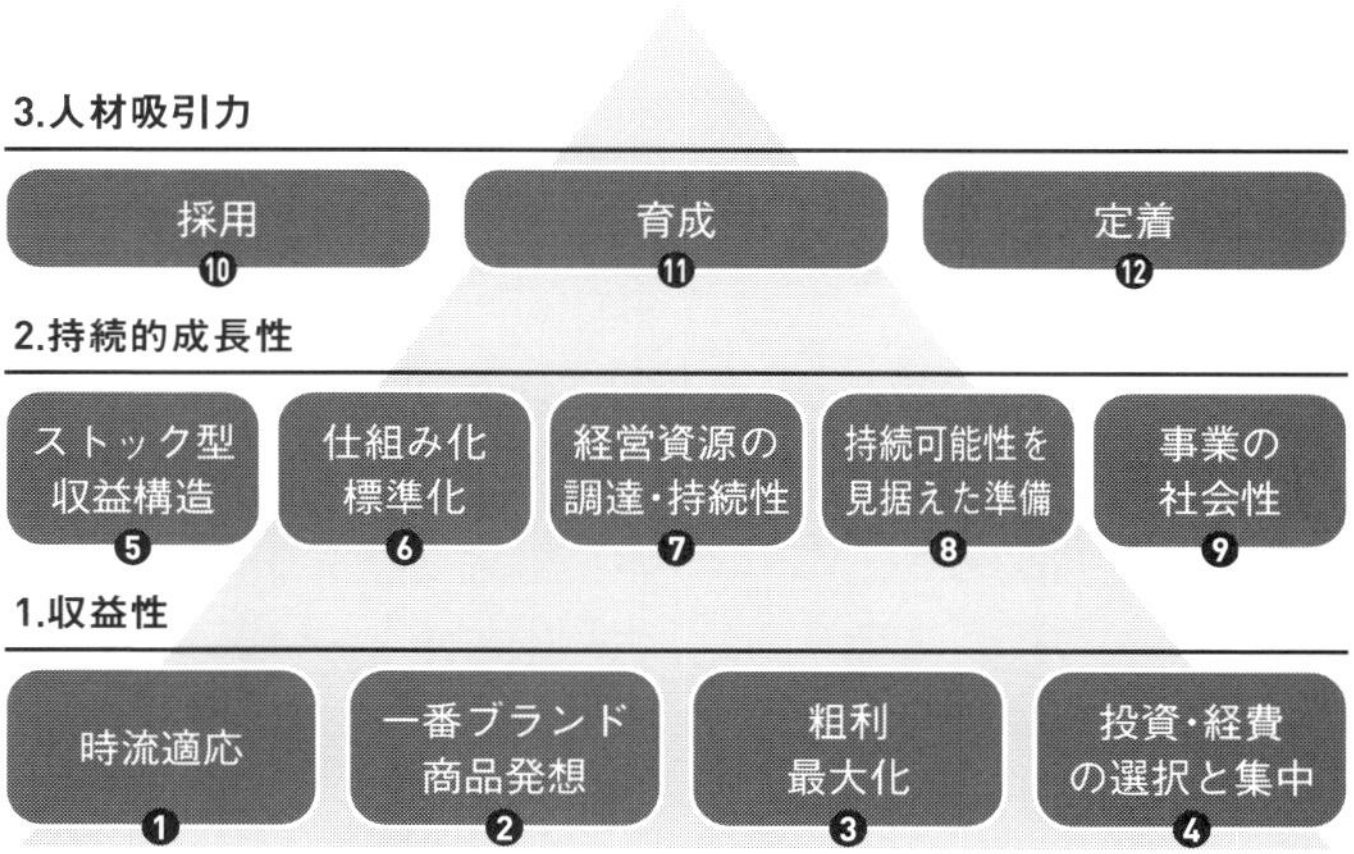

基準値は随時微修正を重ねてブラッシュアップさせていく予定であり、**現場重視で中小企業の経営コンサルティングに取り組み、その実績が日本一と称される船井総合研究所らしさが出た診断となっている**と思います。

この診断を利用することによってグレートカンパニーアワードの審査も従来と比較するとかなり容易になり客観性が増してきたことは間違いありません。

これらの12項目内の各項目の内容を見ていただくだけでも、私たち船井総合研究所が中小企業の経営支援時にどのような点に注意し経営高度化に取り組んでいるのかが理解できると思います。同時に、これらの項目に対してみる目を養うことができれば先にも述べましたように、金融機関の事業性評価の業務も容易となるものと確信をもっている次第です。

それでは、各項目の中身にさらにフォーカスしながらグレートカンパニー化に必要な条件を説明していくことにしましょう。

ビジネスモデル診断　「収益性」分野のチェック項目

診断項目				
収益性	中長期の発展性	時流適応	1	**【マクロトレンド・大時流への適応】**貴社ビジネスモデルは、マクロトレンドに適応したモデルとなっていますか？
			2	**【業界内時流への適応】**貴社のビジネスモデルは、業界内の他プレーヤーと比べて先端を行っていますか？
			3	**【外的要因】**貴社のビジネスモデルは、為替変動、法改正、制度改正（報酬改定等）など自社ではコントロールできない変化により業績が変動しやすいですか？
	商品力	一番ブランド・商品発想	4	**【絞り込み&一番ブランド・商品確立】**貴社には、絞り込まれた「一番商品（ブランド）」と呼べるレベルの商品・サービスがありますか？
			5	**【一番商品ラインアップ数】**貴社には､絞り込まれた「一番商品（ブランド）」と呼べるレベルの商品・サービスがいくつありますか？
	商品クオリティ①	粗利最大化	6	**【価格設定力】**貴社の商品・サービス価格は、業界ナンバーワンの高単価の地位を築けていますか？
			7	**【粗利率の最大化】**サプライチェーンの統合等の取り組みにより、高収益実現につながる粗利・原価構造を築けていますか？（例：ＳＰＡ化）
			8	**【利益の最大化】**貴社事業のＲＯＡは、業界水準と比較して高い水準となっていますか？
	商品クオリティ②	投資・経費の選択と集中	9	**【メリハリ投資】**貴社では、市場優位性を発揮するためにどの分野（原価・設備投資・人件費・家賃）へ資金を重点投資するのか、方針が定められていますか？
			10	**【メリハリ支出】**貴社では、従来は支出することが当たり前であったコストについても、劇的に削減していこうとする取り組みが実践されていますか？
			11	**【直間比率】**売上を稼ぐ部門（＝直接部門）の人員数を極力増やし、その他部門（＝間接部門〔人事・総務・経理等〕）の部門は極力圧縮できていますか？　※簡易に評価いただくべく､直接部門と間接部門の人件費（＝人員数&支給人件費）の割合でご判断下さい
			12	**【（直接部門の）直接業務への注力】**貴社は、間接業務（例＝経費精算・事務的な会議出席）への時間は極力圧縮し、収益を生み出す業務（＝直接業務　例：営業活動）に注力することができていますか？

持続的成長性	現状体制の盤石化②	事業拡張可能性を見据えた準備	21	**【全国・グローバル志向】**貴社には、エリアを限定せず、全国展開・グローバル展開のビジョンがありますか？　※拠点は１拠点でも全世界が商圏の場合はグローバル対応と判断
			22	**【ＩＰＯ・Ｍ＆Ａを意識した体制整備】**中長期的な上場も視野に入れつつ、経営に関する様々な情報整理・内部統制・リスク管理に取り組んでいますか？
			23	**【事業再編・柔軟度】**貴社には、展開事業・展開拠点の業績が悪化した際の対応策が定められていますか？
		事業の社会性	24	**【ミッション・ビジョン志向】**貴社には、就業希望者にとって「魅力的な事業ミッション・ビジョン」がありますか？
			25	**【コンプライアンス志向】**貴社には、コンプライアンスを守るための意識・体制がありますか？（例：誇大広告・環境汚染・下請軽視を予防する仕組みがある）

ビジネスモデル診断　「持続的成長性」分野のチェック項目

診断項目				
持続的成長性	現状体制の盤石化①	ストック型収益構造の確立	13	**【ストック商品確立】** 貴社には、顧客が継続的に利用できる商品・サービスが確立されていますか？
			14	**【会員化志向】** 貴社には、顧客と継続的な接点を持つための会員化制度が備わっていますか？
			15	**【顧客情報のデータベース化意識】** 会社にストックされた顧客情報をデータベース化することで、経営効率を高めていこうとする取り組みは実践されていますか？
		仕組み化&成長発想	16	**【標準化】** 貴社の業務は、入社歴の浅い人材でも再現できるよう「標準化」がなされていますか？
			17	**【イノベーション（開発・改善）】** 商品・サービス開発を定期的に実施していますか？（仕入先開拓や既存商品改善も含む）
	現状体制の盤石化②	経営資源の調達・持続性	18	**【資源調達ルート】** 貴社には、独自の仕入先を有している等、優位性のある経営資源が調達できるルートがありますか？（例：自社専用農場・自社保有ネットワークから自動的に貴重な情報が収集できる仕組みがある）
			19	**【資金調達力】** 貴社は、ステークホルダー（金融機関・株主）と良い関係性を実現していますか？（資金調達力がある状態＝金利・融資枠が同規模・同業種の他社よりも優れた状態）
			20	**【キャッシュフロー発想】** 貴社と顧客及び取引先との支払い条件は、貴社のキャッシュフローを改善に導ける、有利な条件となっていますか？

ビジネスモデル診断　「人材吸引力」分野のチェック項目

診断項目			
人材吸引力	採用	26	【採用チャネル開拓】貴社にとってのコア職種における優良人材を採用するためのルートは、確立されていますか？
		27	【従業員ロイヤルティ】貴社社員のなかに、「家族の紹介」「友人の紹介」は、どの程度発生していますか？
		28	【就業希望者ロイヤルティ】貴社は、就業希望者にとっての「人気職種」としての地位を築けていますか？
		29	【優秀人材・採用力】貴社には、優秀な人材が数多く集まり、定着するためのモデルがありますか？
	育成	30	【雇用条件力】貴社は、同業他社と比較して優れた雇用条件（労働条件・環境）を提示することができていますか？
		31	【育成力】コア事業・コア部門において、競争力のある人材へ育成するための仕組みがありますか？
	定着	32	【人材定着率】貴社の人材定着率は高いですか？

1　収益性——最初に収益拡大が容易な位置取りを考える

時流適応（中長期の発展性）（1〜3）

ビジネスモデルは環境変化に対応して柔軟に修正・変化させながら常に進化を目指すことが重要です。将来にわたって社会や経済がどう変化しそれは自分たちのビジネスにどんな影響を与えるのかを考えて経営に取り組むことが必要なのです。

超大手企業の場合、自社の取り組みや経営者の発言が政治・経済に影響を与えマクロトレンドにさえ影響を与えることが可能となりますが、中小企業にはそれは無理な話です。

ですから、自社なりのマクロトレンドの読みが重要となるのです。

また業界内時流にも注意を払う必要があります。例えば業界内で禁煙化・非化石燃料使用の推進などのエコ化、外国人活用を推進しようという流れがあるなかで、その時流にはいち早く乗るのが基本です。そのような流れに背いた事業展開は、ある意味、独自路線を生み出しますが、その決定が将来優位性を生み出すものなのか否かを判断することが重要です。

そして国際間の関係性や政治など外的要因で経営環境が大きく変化することにも注意を払うことが重要です。温暖化対策や海洋汚染の規制、水産資源の漁獲量規制など日本の企業にも大きなビジネスリスクやチャンスをもたらす要素はたくさんあるはずです。

本書では**工進さん**（172ページ）**が日本のみならず、世界市場の状況と変化を的確に読み取り、絞り込み、顧客起点の製品開発でグローバルな評価を獲得している事例**を紹介いたしました。

一番ブランド・商品発想（商品力）（4〜5）

これは「狭い分野に絞っても良いので、その分野で圧倒的なシェアを獲得し一番ブランドを確立していくことをまず収益獲得の基本としよう」という考え方です。他社が追随してきたり、後から参入できない状況を作れば、その狭い領域では敵無しの状態となるわけですから収益は安定的に確保できるようになるのです。

具体的に説明します。

事例として紹介されている**白ハト食品工業さん**（88ページ）**では、〝いもたこなんき**

ん〟と言われる女性の好む食べ物を主力取扱商品として絞り込み、さつまいも販売で**圧倒的な日本一を実現しています**。そしてさつまいもが終われば、次に〝たこ焼き〟でというように圧倒的地域一番を増やす取り組みを続けていくのです。

本書でご紹介させていただいている企業は、**すべて何かで一番を決めている企業ばかりです**。

粗利最大化〔商品クオリティ①〕（6〜8）

中小企業では価格の安さを競争力強化のエンジンに据える企業が多くありますが、**無防備に大手企業や強い競合企業と価格競争を行っても勝てません**。利益がしっかりとれるような商品選定、商品を複数組み合わせて利益ミックスして販売する、いったん立ち止まって付加価値の高い商品販売にチャレンジするというような発想を持つことが重要です。

また買い手にとって最高に価値のあるラインアップ、商品とは何かを考えることは、収益力向上に直接影響を与えるだけではなく、商品開発力向上にもつながっていくはずです。

さらに仕入れから販売までの全工程を見直し粗利率の改善要素を見つけ出すこと。

儲ける力を高めＲＯＡ（総資産利益率）を業界水準以上に高めていけているか、その発想はあるのかをチェックしています。

本書では**温泉道場さん**（116ページ）**が温浴業界の常識を破って若い客層を取り込み、利益最大化に取り組んでいる事例**を紹介させていただきました。

投資・経費の選択と集中（商品クオリティ②）（9～12）

中小企業は大企業と違い、限られた経営資源を有効活用しなければなりません。広く薄く投資をしていては競争力はいつまでたっても向上しないのです。

そこで**投資対象となる分野や商品を明確化させ、仕入れや商品開発費用の確保などもメリハリをつけ、攻め込む発想、資金計画を持つことが重要**です。同時に経費をだらだらと支出させるのではなく、会社の重点戦略にのっとって掛ける部分には掛けることが重要です。

本書でも、**医療法人くすのき会さん**（200ページ）**が地域の患者に対する、あるべき姿を追求し最高の設備や環境を準備している事例**が紹介されています。また「小さな本部」「ムダの少ない経営」に取り組み、収益獲得につながる直接販売部門重視、直間比率の見直しに取り組まないといけません。さらに直接販売部門のなかでも収益獲得に直結する業務は本当はどこなのかを見極めることが重要です。

富士運輸さん（144ページ）**の事例でも「長距離の大型トラックによる輸送」という収益獲得につながる仕事・業務に集中する姿勢**が紹介されています。

2　持続的成長性──長期視点での収益獲得シナリオ

ストック型収益構造の確立（現状体制の盤石化①）（13〜15）

右肩下がりの日本では新規客を追いかけ続けるという発想で経営に取り組むことは現実的ではありません。年々、新規客の獲得は難しくなりますし獲得コストも上昇していくと思われます。

ＧＡＦＡと呼ばれるＩＴ企業のエコシステム（ビジネス生態系）の発想にも見られますが、顧客との関係性が途切れないようにして、永い付き合いの中から継続的に収益を獲得していく仕組みを持っているほうが経営は持続的安定的な状態となるものです。

本書では**インフォマートさん**（60ページ）**の事例において企業の、様々な合理化提案を続けながらストック型ビジネスモデルを構築し安定的な成長を実現されている姿**などを紹介しました。

仕組み化&成長発想〔現状体制の盤石化〕（16～17）

日本の一人あたり名目GDPや生産性の低さが昨今指摘されるようになってきていますが、付加価値を生み出す仕組み・構造を創り生産性を高めることは企業のみならず日本国家にも求められている成長戦略における重要課題です。

ヒット商品やビジネスモデルの短命化に代表されるように変化が激しい時代ですので、**業務の標準化を進め経験・年齢の浅い若手社員や人手不足を補うための非熟練労働者の戦力化に取り組むという視点はとても重要**です。また、商品やサービスを時代に合う形にアップデートさせる、ビジネスモデルを革新させる。新しいビジネスモデルの創新に取り組み、現状事業を新ビジネスモデルに移行させるなどの発想を持つことが中長期の企業発展につながります。

本書では**ジョンソンホームズさん**（224ページ）**の事例で社員に挑戦する勇気を与えること、社員育成の仕組みを作ると同時にチャンスを与え続けている姿**を紹介させていただきました。

経営資源の調達・持続性〔現状体制の盤石化②〕（18〜20）

現時点で業績が好調であっても、ヒト・モノ・カネ・情報という経営資源の調達が維持できないと事業継続が不安定になってしまう可能性があります。

モノ＝商品仕入れに関しては世界的に資源獲得競争が激化していることと資源自体の枯渇・減少の問題もあります。特に**良質の資源を自社が継続的に仕入れることができる体制を構築しているのかが重要になります**。

カネの部分に関しては**資金調達のルートの体制整備が必要になります**。事業の維持・拡大を考える時、資金調達面で不安があると思い切った投資ができません。また資金繰りが不調となると注文があっても商品調達ができない、キャッシュフローをチェックしながら販売と仕入れのコントロールをしなければ、急激な販売拡大により仕入れ・支払い能力を超えてしまうというような事態が発生してしまいます。

また高度な情報化時代が到来しており、顧客情報・販売情報・仕入れ情報などを蓄積し、効率的に経営に活用していくことが求められるようになってきています。ビッグデータ活用、ＡＩ・機械学習の話題が盛んに語られる時代となってきましたが、**中小企業においても経営規模にふさわしい情報の活用は重要な経営テーマ**となっているのです。
本書では**オーレンスさん**（28ページ）**が地域貢献・業界への貢献で圧倒的な知名度を誇る人気企業の座を獲得しているなかで事業者に対しても有益な情報をローコストで提供し高評価を獲得している事例**などを紹介しました。

事業拡張可能性を見据えた準備（現状体制の盤石化②）（21～23）

ＩＴ企業、特殊製品のメーカーは日本国内のみならず、世界市場を顧客対象とできる可能性を持っていますが、一般的な中小企業は基本的に地場ローカルを戦いの主戦場に置いているケースが多いと思います。

企業の将来を考える時、グローバルでの勝負も考えるのか現在の地場ローカルのまま事業を継続するのか、現在の地場ローカル以外の日本市場で勝負をするのかを考えていく必要があります。**その時に考えるべきことは「市場規模はどれぐらいになっているのか」「自社らしい経営を貫く時どこまで事業拡大が可能なのか」を見極めることです。**

同時に市場縮小・環境変化が予測されるなか、さらなる選択と集中を進めるために、どの事業を強化し、どの事業は再編・撤退を検討するのかも決めておくことが重要となります。また経営基盤を強固なものとするためにＩＰＯ（株式公開）の可能性を探ったり、Ｍ＆Ａの手法を利用した事業承継・人材獲得、技術獲得などへ挑戦することも重要な視点です。

経営全体を見渡したうえで、様々な高度化、経営力強化に挑むことがきびしい時代の勝ち残り力を高めることになるのです。

事業の社会性（現状体制の盤石化②）（24〜25）

社会に貢献することができるからこそビジネスは存在意義が出てきます。だからこそ社会性を向上させる視点は最終的に自らのビジネスの成果として返ってくるはずです。地場ローカルの中小企業の場合は直接的に地元社会にどのような貢献ができるかがキーとなります。

具体的には地域雇用の創出につながる取り組み、地域生活者の生活を豊かに楽しくする取り組みは大きく評価されることになるでしょう。また業界の地位向上につながる取り組みに注力すること、持続性の高い社会の実現に向けての取り組みを強化すること等、国連が採択したＳＤＧｓ（持続可能な開発目標）の理念に則った具体的活動は自社の経営の持続性も高めていくことになるのです。

これら社会性の追求を実現するためには、企業のミッション、ビジョンの設定がこれらの要素を踏まえて設定されていることが重要です。我々はどんな社会を作り上げるためにこの事業に取り組むのか。そこを定めた企業の競争力は今後ますます向上していくと考えられます。

同時に企業の力が高まることは社会的責任が高まることと同義と理解してコンプライアンスの順守に取り組むことが不可欠となります。**現代社会では法令違反だけでなく、コンプライアンスの欠落が反社会的行動と取られかねないため、経営者のみならず社員一同の意識を向上させることが大切です。**

本書では**富士運輸さん（144ページ）などの事例で中小企業が理念に基づき、掛け声に終わらせず、コンプライアンスと待遇改善に取り組んでいる姿**を紹介しました。

3　人材吸引力——人を引き付ける魅力と力を持つ

採用〔人材吸引力〕（26～29）

採用の取り組みは少子高齢化を背景に生産年齢人口が減少しているなか、成長を願う企業にとって売上をどう伸ばすかということ以上に重要な意味を持つ時代となってしまいました。注文が入っても作る人がいない、売る人・接客対応する人がいないというような状況です。

特にサービス産業や物流産業では人手不足が深刻化していますが、単に提示する給与を引き上げたりしても求める人材を確保することはできないでしょう。**労働環境を整備し、企業の魅力度を高めて求職者がその企業で働きたいという気持ちが持てる状況を作り上げること**。現在働いている従業員が自分の身内や大切な友人に会社を自信を持って大推薦できるようなロイヤルティの形成が重要です。

日々の取り組みとしてはいかに採用力を向上させるかが重要施策となりますので、まずは古い採用方式に固執するだけではなく新しい採用チャネルの開拓、新しい採用手法の採用が大切です。

年功制終身雇用の体制も変化を見せており、**中小企業であっても自社の強みやビジョン、実績を堂々とアピールすることも採用力を高めるキーとなります**。同時に採用者の目標となる先輩社員が生き生きと活躍しているのかどうかも求職者の不安を払拭し就職の強い動機となるはずです。

今後、採用の難しさは収まるとは考えられませんので、採用専属チームを設置したり、採用手法を標準化して特定の採用担当のノウハウに依存する体制から脱却することも重要です。くすのき会さんの事例は大いに参考となるはずです。

育成〔人材吸引力〕（30〜31）

企業の優位性はヒトが産み出します。だからこそ社員を大切にする姿勢が重要なことはもちろんのこと、育成に関してより積極的な努力、創意工夫に取り組む意識を持つことが重要です。

通常、中小企業における人材育成に関してはＯＪＴが中心になると思いますが、人材配置に関しては事業環境の変化に合わせて適時最適化させる仕組み作りも重要です。経済や社会の変化が激しい今、組織体制も柔軟に変更すべきですし、**年齢や性別関係なしに実力のある社員をコア事業、重点戦略事業に配置する勇気を持つことが大切です。**

その取り組みが社員にチャンスを与え能力を向上・開花させる原動力になると理解するべきなのです。特に若手に関しては成長発想とも関連しますが、胸躍るビジョンを与え、抜擢にチャンスがあることを伝えることが育成にもつながるという意識を持つことが大切です。

定着［人材吸引力］（32）

日本では終身雇用制度が定着促進の下支えとなっていましたが、近年人材の流動化が進み、油断をしていると競合他社や大手企業に優秀な人材が引き抜かれるリスクさえ高まっています。

同時に、せっかく手間暇かけて育成した社員が離職しては元も子もありませんし生産性向上を目指す土台さえ作れません。

これまで以上に**勤続年数の向上、離職率の低下に対して、ＫＰＩを作ってチェックし続ける体制を構築することが重要です**。そのためには働きやすく、働き甲斐のある職場風土を作り上げること、福利厚生だけではなく仕事そのものに面白みを持たせ、仕事好きの社員を増やしていかねばなりません。同時に**業界の給与水準を調査し、その水準以上の労働条件が提示できる実力を身に付けることが重要です**。

しっかり稼ぎ、しっかり儲け、しっかり払える企業創りを目指すことは中小企業においても大切なことだと思います。

ビジネスモデルの善循環、優秀企業化を実現する

以上、グレートカンパニーアワード受賞企業の事例をもとに優秀企業化をどう進めれば良いのかをご説明させていただきました。

どの企業も顧客に対して、全力でより良い商品とサービスを提供しようという思いから、様々な企業努力を重ね社員が一丸となってビジネスモデルの革新を続けています。

本書を参考に読者の皆様が優秀企業化を一歩でも二歩でも進めていただければと思います。それが地方を元気に、そして日本を元気にするための中小企業の経営支援を続けている船井総合研究所の経営コンサルタント一同の願いであり、グレートカンパニーアワードを主催する船井財団の使命でもあると最後にお伝えし筆をおきたいと思います。

橋本直行（はしもと・なおゆき）　担当：第5章　富士運輸

船井総研ロジ株式会社　取締役常務執行役員
1997年船井総合研究所入社。2018年7月から現職。物流企業の経営計画の策定および具現化支援を専門とする。特に、Webを使ったマーケティング、リクルーティングには独自のノウハウを持ち、日本全国で多くの繁盛事例をプロデュースしている。

船井総研ロジ株式会社
サプライチェーンの根幹を支えるロジスティクス機能を設計し、その実行を担保し、成果を保証することをミッションとする、物流専門コンサルティングファーム。船井総合研究所よりスピンアウトして2000年に設立。荷主企業のロジスティクス革新、物流企業の業績アップに寄与する活動を行っている。

中野靖識（なかの・やすし）　担当：第6章　工進

株式会社船井総合研究所　地方創生支援部　部長
1990年船井総合研究所入社。メーカーから小売・サービス業まで全方位に対応しており、様々な業界への業務改善の実績を有する。国内企業を支援することで「強い日本の再生」を自らの志とし、大手企業から中小零細企業まで、がんばる経営者、現場責任者のサポーターとして活動している。

上藤英資（うえふじ・えいすけ）　担当：第7章　医療法人くすのき会　新門整形外科・新門リハビリテーションクリニック

株式会社船井総合研究所　医療支援部　チームリーダー
2011年船井総合研究所入社。医療機関、特に整形外科診療所のコンサルティングに従事。経営の安定成長、医療の質、スタッフの働きやすさの「三方良し」を実現するクリニック創りを目指し、経営戦略立案、マーケティング・組織構築を通じた業績向上支援を得意とする。

宮内和也（みやうち・かずや）　担当：第8章　ジョンソンホームズ

株式会社船井総合研究所　HRD支援本部　部長
2006年船井総合研究所入社。住宅不動産業界に向けてコンサルティングをするなかで新築・不動産業界を中心に様々なビジネスモデルを提言し、多くの企業を加速度的な成長へ導く。人不足時代の到来とともに、中堅・中小企業の人財開発コンサルティングのニーズを確信し、HRDコンサルティング事業部を発足後、参画。現在は採用・育成・組織開発コンサルティング部門の責任者としてメンバーを統括する。

執筆者紹介

岡　聡（おか・さとし）　担当：プロローグ、本書のまとめ

株式会社船井総合研究所　執行役員

1994年船井総合研究所入社。専門は流通サービス全般のマーケティング。食品スーパー、食品メーカー、食品卸売業、飲食業など食品業界が専門分野。経営戦略立案、新ブランド開発、新業態店開発、フォーマット＆出店戦略策定、販路開発等の成長支援、企業再生などの経験も豊富。株式会社キムラタン（東証一部8107）元取締役。2018年3月からグループの海外コンサルティング事業会社である船井（上海）商務信息咨询有限公司の董事長も兼務。

竹内実門（たけうち・みかど）　担当：第1章　オーレンスグループ

株式会社船井総合研究所　金融・M&A支援部　部長

大手生花販売企業を経て、1997年船井総合研究所入社。2003年に税理士・会計事務所向けコンサルティングの立ち上げ、2017年には金融財務グループの立ち上げに携わり、協同組織金融機関（信用金庫・信用組合）向け経営コンサルティング、保険会社・保険代理店向け業績アップコンサルティング、一般事業者向け財務コンサルティングを展開。

二杉明宏（にすぎ・あきひろ）　担当：第2章　インフォマート

株式会社船井総合研究所　フード支援部　部長

2000年船井総合研究所に入社。入社後は、外食産業におけるコンサルティング活動に従事。業態開発、新規出店、多店舗展開、既存ブランドのブラッシュアップなどにより、持続的な企業業績向上のプロデュースを得意とする。

横山玟洙（よこやま・ふみあき）　担当：第3章　白ハト食品工業

株式会社船井総合研究所　地方創生支援部　グループマネージャー

2008年船井総合研究所入社。食品メーカー・スイーツ業界向けのコンサルティングに従事。「日本の地方の食・文化・歴史・技術の価値を伝え育み、地域経済を持続可する」をテーマにマーケティング・ブランディングの側面から地方の食品メーカーを支援している。

前田　亮（まえだ・りょう）　担当：第4章　温泉道場

株式会社船井総合研究所　ライフスタイル支援部　部長

2004年船井総合研究所入社。入社後は、ホテル、宝石、眼鏡、住宅リフォーム、美容業界を経て、2010年にエンディングビジネスのチームを立ち上げる。2017年からBtoCサービス業全般をサポートする専門サービス支援部を率いる。現在、主にエンディング、ビューティ、宿泊業向けのコンサルティングを行うライフスタイル支援部の部長を務めている。

監修者紹介

一般財団法人船井財団

故船井幸雄が使命感を持って取り組んでいた「よい企業をたくさん創り、よりよい世の中にしよう」という遺志を後世に残すべく設立された。経営コンサルタントとして多くの企業経営者へ経営のアドバイスをする中で、企業の本来の目的は社会性、教育性、収益性の３つに行きつくという考えに至った船井幸雄の理念を継承し、規範となるよい企業を見つけだし、賞賛していくことを目的にグレートカンパニーアワードを開催している。

編著者紹介

株式会社船井総合研究所

お客様の業績を向上させ、社会的価値の高い「グレートカンパニー」を多く創造することをミッションとする。中堅・中小企業を対象に、日本最大級の専門家を擁し、業種・テーマ別に「月次支援」「経営研究会」を両輪で実施する独自の支援スタイルをとる。その現場に密着し、経営者に寄り添った実践的コンサルティング活動は様々な業種・業界経営者から高い評価を得ている。

編集協力／平井 和子（株式会社 船井総研コーポレートリレーションズ）

グレートカンパニーに学《まな》ぶ
このビジネスモデルがすごい！　〈検印省略〉

2019年　8　月　30　日　第　1　刷発行

監修者――船井財団
編著者――船井総合研究所
発行者――佐藤 和夫

発行所――株式会社あさ出版
〒171-0022 東京都豊島区南池袋 2-9-9 第一池袋ホワイトビル 6F
電　話　03 (3983) 3225（販売）
　　　　03 (3983) 3227（編集）
F A X　03 (3983) 3226
U R L　http://www.asa21.com/
E-mail　info@asa21.com
振　替　00160-1-720619
印刷・製本 美研プリンティング(株)
乱丁本・落丁本はお取替え致します。

facebook　http://www.facebook.com/asapublishing
twitter　http://twitter.com/asapublishing

ISBN978-4-86667-162-8 C2034